JN412911

번역가의 단어

번역가의 단어

시적인 기술에 대하여

정은귀

마음산책

번역가의 단어

시적인 기술에 대하여

1판 1쇄 인쇄 2025년 10월 5일
1판 1쇄 발행 2025년 10월 10일

지은이 정은귀
펴낸이 정은숙
펴낸곳 마음산책

담당 편집 황서영
담당 디자인 한우리
담당 마케팅 권혁준
경영지원 박지혜

등록 2000년 7월 28일(제2000-000237호)
주소 (우04043) 서울시 마포구 잔다리로3안길 20
전화 대표 | 362-1452 편집 | 362-1451 팩스 | 362-1455
홈페이지 www.maumsan.com
블로그 blog.naver.com/maumsanchaek
트위터 twitter.com/maumsanchaek
페이스북 facebook.com/maumsan
인스타그램 instagram.com/maumsanchaek
전자우편 maum@maumsan.com

ISBN 978-89-6090-956-4 03810

* 책값은 뒤표지에 있습니다.

번역은 어떤 작품이든

한 번 더 생을 살게 한다.

책머리에

망설임 끝에 내는 책이다. 처음 '번역가의 단어'라는 제목으로 책을 계획한 이후 많은 시간이 흘렀고 그만큼 많은 변화가 있었다. 첫 마음은 시를 번역하는 사람으로서 번역 과정에서 고민이 컸던 단어들을 되짚으며 그 사례들을 들려주겠다는 것이었다. 그런 식으로 시를 읽는 일과 번역을 조금 더 가깝게 끌어당기고 싶었다. 그러다 보니 지난 세월을 돌아보며 반추하는 시간이 자꾸만 늘어났다. 골라둔 단어를 매만지며 글을 쓰는 내내 시의 구절을 다시 고민하고 되묻는 나를 마주했기에, 원고에 마침표를 찍기가 유난히 힘들었다.

그 과정에서 골라둔 단어들도 바뀌었다. 처음 사례 중심의 단어에서 점점 번역을 둘러싼 여러 개념에 접근하는 단어들로 확장되었다. 시를 번역하는 번역가는 다른 번역가와 같은가 다른가, 그런 질문을 품으며 글의 틀과 단어들이 조금씩 달라졌다. 시 번역은 늘 현재형으로 진행되는 새로운 읽기다. 새로운 읽기는 새로운 번역을 가능하게 한다. 이 책이 자칫 어려운 시 번역을 이렇게 해왔다는 자기 정당화가 되지 않을까, 혹은 궁핍한 밑천을 고백하는 글이 되지 않을까 좀 민망한 마음도 들었다.

몇 계절이 지나 이 책은 번역의 성취를 보여주는 자리가 아니라 번역하는 마음에 어른어른 남는 잔상들을 끌어모은 말들의 풍경임을 다시 새긴다. 번역은 늘 어렵다. 시를 번역하는 사람이라 번역을 더 어렵게 생각하는지도 모르겠다. 번역은 투명하지 않다. 번역은 완벽하게 동등한 두 언어의 차이를 가뿐히 뛰어넘거나 매끈히 티 없이 건너는 일도 아니다. 번역은 치열한 읽기다. 번역에 개입되는 이론들도 언어적·문화적으로 촘촘하게 망을 만들어 번역가의 의식을 넘나들며 더 많은 선택지와 변수를 만든다. 두 언어 사이를 오가는 일은 자유로운 유영보다는 상처와 흉터를 여미며 무언가를 짓는 일이다.

손바느질을 좋아하는 나는 여름에 꼭 손바느질로 긴 치마를 만든다. 손바느질은 한 번에 반듯하게 되지 않고 여민 부분을 걸핏하면 다시 풀어서 보아야 한다. 삐뚤빼뚤 자국이 견딜 만한 것인지 아닌지 보면서 나만의 독특한 무늬를 만드는 손바느질. 번역은 그와 비슷하다. 번역이 아니면 아니 되는 만남, 번역이 없이는 불가능한 읽기. 시를 번역하는 일은 오롯이 지금 여기의 삶을 더 삶답게 살기 위해서 가장 섬세하고 예민한 언어의 결을 매만지는 손바느질이다.

원고를 쓰면서 책의 얼개를 여러 번 바꾸었다. 세계는 하루가 다르게 바뀌고 인공지능이니, 챗GPT니, 기계번역이니 하는 말들로 많은 이가 사람이 하는 번역의 세계를 홀대한다. 많이들 묻는다. "AI 번역이 제법 괜찮던데, 요즘 번역 하기가 어떤가요?" 그 질문을 그냥 흘려들을 수 없어서 AI 번역도 일부러 찾아보고, 강의실에서, 또 내 안에서 변화하는 매체들에 대해 질문과 실험을 이어간다. 말이란 무엇일까, 시의 언어란 무엇일까? 내가 선택하고 고르는 이 단어는 시인의 것일까, 오롯이 나의 것일까? 구글 검색이 번역을 어느 정도로 자유롭게 할까? 그 질문들은 문학번역에 개입되는 여러 이론적 층위를 새롭게 보게 한다.

『번역가의 단어』는 그 점에서 이론과 실제를 함께 엮어 번역의 길, 번역의 과정, 번역의 의미를 새롭게 마주한다. 시를 번역할 때 특히 더 고민스러운 행과 연의 배열, 형식의 문제들부터 문화번역 등 새롭게 등장하는 이론적 고민을 겹쳐 글을 쓰면서 나는 시와 나, 독자들 사이를 끝없이 들고 난다. 시를 읽을 때마다 영어를 한국어로, 한국어를 영어로 저절로 번역하는 습관이 있는 나는, 어떤 독자가 시를 만날지늘 구체적으로 상상하곤 한다. 시를 사랑하는 '찐 독자'이면서 번역가이고, 연구자이자 또 교육자인 여러 겹의 정체를 하나도 버릴 수 없는 내 고민이 이 책을 만들었다.

역자로서 책임과 번민 속에 갈팡질팡하면서도 끝내 번역을 놓을 수가 없는 것은 시가 너무 좋기 때문이다. 그 좋은 시를 다른 세계의 다른 독자들에게 전하고 싶다는 갈망. 어느 때는 이 갈망조차 대체 무슨 의미가 있는지 되묻기도 한다. 그러다가 "시가 어려워요. 이 어려운 시들을 어떻게 하면 잘 읽을 수 있을까요?" 묻는 이들을 만나면 기진한 마음에 다시 불이 들어온다. 내게 조금이라도 더 풍부하게 세세하게 시를 읽어내는 눈이 있다면, 그 눈을 나누어 함께 보자고 청하며 다시 또 시를 이야기한다.

좋은 시는 우리가 깃들어 사는 이 세계를 다시 보게 한다. 익숙한 것을 다르게 보게 하고, 낯설게 여긴 것을 다정하게 끌어당겨주는 신비로운 언어. 똑같이 반복되는 나날 속에서 낡아 빛바랜 사유를 새롭게 만드는 시라는 요물. 어딘가에서 번역가를 꿈꾸며 혼자 시를 옮기고 있는 어린 번역가가 있을 것이다. 시라는 불가능을 마주하면서 언어와 언어 사이를 용감히 가로지르는 용기를 얻게 되면 좋겠다. 시가 번역을 통해 어떤 변화를 겪게 되는지, 번역가는 대체 시의 무엇을 옮기는지, 번역을 경유한 시와 그렇지 않은 시의 차이는 무엇인지, 이런 질문들과 함께 더 많은 이가 시를 더 가까이 알게 되고 마침내 시가 보여주는 거대한 가능성의 장을 함께 누리길 바란다.

다시 자문해본다. 완벽한 번역이 있을까? 많은 이가 기대하는 것은 우리말로 매끈한 번역, 이음새가 느껴지지 않는 번역일 것이다. 하지만 나는 번역을 지우고 잊게 만드는 것이 아니라 번역을 통해 시의 시다움을 느끼게 하기를 늘 꿈꾼다. 질문하게 하는 번역, 시를 새롭게 태어나게 하는 번역. 실수마저 또 다른 시적인 힘을 품고 있는 번역. 충실하면서 창의적인 번역. 시의 신비를 벗기지 않고 시의 시다움을 감각하게 하는 번역. 원래의 시와 마찬가지로 행과 행 사이, 글자와 글자 사이의 여백의 힘을 알게 하는 번역. 번역은 늘 현재형으로 진행되는 움직임이고 구체적인 읽기 안에서 가동되는 실천이다.

모든 경험을 공부라고 생각하는 나는 지난 계절 지나온 일을 번역의 기술과 함께 떠올린다. 어떤 수술의 기억이다. 갑자기 닥친 일이었는데, 의사의 손길에 모든 것을 맡기고 나니 이상하게 하나도 불안하지 않았다. 그 온전한 신뢰는 지금도 믿기 어려운 행복한 기억으로 남아 있는데, 그 모든 과정에서 필요한 것은 결단에 대한 신뢰, 용기와 인내였다. 용기와 결단과 인내와 신뢰는 모두 두려움과 머뭇거림, 갈급함과 회의를 포함하는 말이다. 끝내 다 알 수 없는 것을 아는 한도까지 붙들어 이해하고 뭔가를 하는 것. 몸과 말과 마음이 그 점에서 흡사하다. 내 주치의는 좋은 컨디션으로 환자를 돌보고 수술을 잘하려고 술은 입에도 대지 않는다고 했다. 나는 시를 읽고 번역할 시간을 조금이라도 더 만들고 싶어서 바쁜 일상을 늘 쪼개어 산다. 일찍 자고 일찍 일어나는 규칙을 세심하게 따른다. 크게 바라는 무언가가 있어서가 아니라 좋은 걸 조금이라도 더 나누고 싶어서다.

앞으로도 내 번역은 천천히 찬찬히 질문과 함께 계속 나아갈 것이다. 잘 안다. 내가 아니더라도 괜찮고 시가 아니어도 괜찮다는 걸. 시를 읽지 않아도 하루는 잘 간다. 하지만 시와 함께하면 하루가 더 빛난다. 시가 있는 세상에서 아직도 시와 함께 길을 걷고 있기에 그간 물음표로 묶어두었던 단어들을 정리해 내보낸다. 멀리 또 가까이서 책을 곁에 두는 고마운 이들과 오래 기다려준 편집자에게 꾸벅 고마움을 전한다.

2025년 가을
햇살과 바람과 구름 함께하는 오후에
정은귀

차례

책머리에 6

1연

Activism 실천 19

Betweenness 사이 24

Creativity 창조성 28

Double 이중성 33

Error 오류 39

Faithfulness 충실성 48

Gap 틈 52

Hospitality 환대 57

Interpretation 해석 60

Juk 죽 65

Kind 과 70

Loss 상실 82

Mind 마음 86

Native 네이티브 96

This page intentionally left blank.

2연

Odd 이상한 109

Punctuation 마침표 119

Questioning 질문하기 123

Route 경로 129

Spectrum 스펙트럼 141

Treason 반역 148

Useless 무용함 152

Voice 목소리 155

Women-Poetry-Translation 여성-시-번역 164

X-factor 미지의 요소 169

Yourself 당신 자신 173

Zone 지대 176

이후의 말 Afterword 180

일러두기

1. 외국 시의 경우 번역자를 따로 밝히지 않은 작품은 모두 필자의 번역이다.
2. 외국 인명과 지명, 작품명 및 독음은 외래어표기법을 따르되, 관용적인 표기와 동떨어진 경우 절충하여 실용적인 표기를 따랐다.
3. 국내에 출간 및 번역된 도서와 잡지는『 』, 편명은「 」로 묶었고 외국 원서명은 기울임체, 편명은 " "로 표기했다. 영화 제목과 강의명은 〈 〉로 묶었다.
4. 국내에 번역된 외국 시와 시집의 제목은 원어를, 외국 시인의 인명은 원어와 생몰 연도를 나란히 적었다.

번역가는 누군가의 목소리를 대신 말하는 사람.

누군가의 꿈을 대신 꾸는 사람.

누군가의 웃음을 대신 웃는 사람.

1연

루이즈 글릭

「아라라트 산」「자장가」

『아라라트 산』

(시공사, 2023)

「꽃양귀비」

『야생 붓꽃』

(시공사, 2022)

나타샤 트레스웨이

「네이티브 가드」

『네이티브 가드』

(은행나무, 2022)

크리스티나 로세티

「고블린 도깨비 시장」

『고블린 도깨비 시장』

(민음사, 2021)

앤 섹스턴

「별이 빛나는 밤」「농부의 아내」

「그런 여자 과」

『밤엔 더 용감하지』

(민음사, 2020)

William Blake

"London"

The Complete Poems

(Penguin, 2004)

Emily Dickinson

"I dwell in Possibility—"

The Complete Poems of Emily Dickinson

(Little, Brown and Company, 1961)

Activism 실천

I dwell in Possibility—
A fairer House than Prose—
More numerous of Windows—
Superior— for Doors—

나는 가능성에 살아—
산문보다 더 어여쁜 집—
더 많은 창문에다—
문들도— 멋지지—
_에밀리 디킨슨Emily Dickinson, 1830~1886,
"I dwell in Possibility—"❖

당신은 능能한 사람인가? 가끔 물어본다. 나는 능한 사람은 못 되는 것 같은데. 시 번역은? 번역가로서 나는 될

❖ 에밀리 디킨슨의 시는 제목이 따로 없다. 그래서 첫 행을 시의 제목으로 대체하거나 시 전집을 출간한 편집자가 붙인 번호로 출처를 밝힌다. 이 책에서는 첫 행으로 제목을 표기했다.

수 있으면 능한 사람이 되고자 한다. 그렇게 할 수 있어서가 아니라 그래야만 하니까. 방금 끝낸 당신의 번역이 만족스러운가 물어볼 때 고개를 쉽게 끄덕이는 번역가가 몇이나 될까? 그것도 시를 번역하는 일이라면? 시가 번역 가능한가? 시는 번역이 불가능하다고 하는 이들에게 나는 번역 못 할 시는 없다고 말한다.

왜냐하면 시가 있기 때문이다. 모든 시는, 전언이다. 전달을 기다린다. 시를 다른 언어로 옮기는 일은, 조금 외롭지만 시가 있어서 나는 전한다. 연구자로서 읽고 그 읽은 것을 쓰고 나누는 일은 번역가의 일과 크게 다르지 않다.

번역가는 매인 사람이다. 얽매여 스스로를 유배시키는 사람이다. 시에 매이고, 가능성에 매인다. 그래서 더 어렵다. 열려 있는 가능성의 창이 많아서, 창은 많은데 번역가는 결국 하나를 선택해야 하기에, 그걸 고심한다. 그 시간은 오롯이 시에 들어가 시와 함께 대화하고 해석하는 시간이다. 스스로 유배된 자가 그 고립을 감당할 수 있는 이유는 거기 대화가 있기 때문이다. 나를 읽어달라며 기다리는 시가 있어서다. 또 어디선가 누구인지 모르지만 독자가 있기 때문이다. 번역이라는 노동의 끝에서 기다리는 이. 어디선가 번역된 언어로 연결될 이. 그 상상을 하면 덜 외롭다.

번역은 글을 쓰는 일과 다른 일이기에, 만약 어느 마음 좋은 작가가 있어서 자신의 작품을 번역하면서 원문을 마음대로 고칠 수 있는 자유를 준다 하더라도 나는 그 자유를 쓰지 않을 것이다. 그 자유는 작가의 허락으로 가능한 것도 아니어서 번역가가 온전히 굴복해야 하는 대상은 앞에 놓인 작품 자체이기에. 번역가에게 마침표를 찍어주는 이는 출판사와 편집자, 그리고 시간이지만 번역을 완성시키는 존재는 독자다. 책이 출간되는 타임라인에 맞추어 마감 시한을 정해두고 잊지 않도록 재촉하고 또 재촉하는 유능한 편집자는 번역을 끝내게 하는 엄중한 역할을 하고 그렇게 만들어진 책을 읽는 이들, 고개를 갸웃하며 끄덕이며 읽는 사람, 독자가 있어 번역은 의미를 갖는다.

불안과 기다림 속에서 새로 태어난 생명체를 완성하는 존재는 그러므로 읽는 사람, 독자다. 불가능한 번역의 첫 걸음은 작가에게서 출발하고 그 마지막 걸음은 독자에게로 이른다. 그리고 그 사이, 번역가가 있다. 번역은 '사이betweenness'의 일, 사이라는 가능성의 일. '사이'라는 말, 시가 어렵다는 말. 다 맞다. 어느 쉬운 시도 어렵다. 나는 아직도 김수영의 시, 「풀」에서 "풀이 눕는다"의 정확한 의미를 모른다. 비를 몰아오는 동풍에 나부껴 누웠다가 우는 풀. 하지만 다시 일어서는 풀. 풀은 풀인가 풀이 아닌가.

어려우면서도 쉬운 시의 언어. 직관적인 만남이 가능한 그 자유롭고, 활달한, 구멍 많은 언어. 그런 시를 번역하는 일은 두 언어 사이의 불가능을 건너면서 틔워주는 일이다. 시 번역이 홀로이면서 함께인 이유다. 외로우나 외롭지 않은 이유다. 지금은 일어날 시간. 바람보다 늦게 누워도 바람보다 먼저 일어나는 풀처럼, 나도 일어나야 할 시간. 일어나 나는 다시 책상에 앉는다. 시로 향한다. 바람이 되어 풀을 일으키기 위해. 깊은 겨울, 새벽 5시 15분의 일.

*

"번역은 즐거운 다문화적cross-cultural 행위가 전혀 아니다. (…) 나에게 번역의 목적은 나라는 개인의 성장 혹은 지적 수련과는 아무런 관련이 없다. 문화 교류의 의미도 아니다. 교류란 어떤 형태로든 동등한 위치를 전제로 하는데 대한민국과 미국은 동등하지 않다. 나는 초국가적인 동등함을 갖지 못한 존재이다."❖ 김혜순 시인의 시를 영어로 번역하는 최돈미1962~의 말이다.

번역은 언어와 언어가 평등하다는 환상에 기대어 있다. 하지만 번역은 언어와 언어가 평등하지 않음을 보여주는 가장 솔직한 장이다. 번역하는 대상부터 그러하다. 한국어에서 영어, 영어에서 한국어로의 번역을 생각해보더라도 그 두 층위는 결코 평등하게 나란히 놓여 있지 않다. 영어권으로 번역이 되어야 세계문학의 장에 들어서는 상황을 생각해보라. 세계문학의 풍경에서 번역되지 않은 작품은 보이지 않는 작품, 존재하지 않는 작품이다. 번역은 작품의 비가시

❖ Don Mee Choi, *Freely Frayed, ㅋ=q, & Race=Nation*, Wave Books, 2014, p 10.

성을 허물고 세계 안에 이입시키는 일이다. 번역은 동등하지 않은 위치에 있는 언어를 동등하게 매만지는 가장 적극적인 행위다. 동등함이라는 환상을 품고서.

Betweenness 사이

"시와 시를 잇는 다리, 정은귀 선생님께." 언젠가 내가 좋아하는 진은영 시인이 책을 보내주시며 나를 이렇게 불렀다. 내 이름 앞에 붙은 그 단어들을 하나씩 곱씹어보았다. '다리'라는 단어가 이렇게 묵직한 무게였나, 오래 바라보았다. 책임감이 따르는 말. 시와 시를 잇고, 사람과 사람을 이으며, 번역가는 부지런히 두 다른 언어, 두 다른 문화, 두 다른 세계, 두 다른 시대 사이에서 무언가를 한다. 다리가 없으면 건널 수 없으니. 다리가 놓이지 않는다면, '두 다른'은 영원히 먼 거리로 남으니.

나는 어떤 다리가 되어야 할까. 다정한 마음으로 시작한 번역의 일이지만, 다정한 번역가는 실패하기 쉬운 번역가라는 걸 늘 잊지 않으려 한다. 그러면서 묻는다. 너는 지금 어디에 있는지? 우리는 지금 어디에 있는지? 우리는 대개 늘 어떤 것의 사이에 있는데, 사이의 어디쯤인지.

사이는 어려운 단어다. 사람 사이, 부부 사이, 친구 사이, 시를 번역하는 것은 사이를 오래 고민하는 일이다. 그것도 가장 다른 종류의 사이를 고민한다. 영어와 한국어는 친하지 않다. 무엇보다 어순이 달라서 옮길 때 번역가를 매우 난처하게 한다. '어순語順'이라는 말을 사전에서 찾아본다. "문장성분의 배열에 나타나는 일정한 순서"라고 되어 있다. 문장성분이란 말이 생경하다.

앞에 나온 시, 에밀리 디킨슨의 "I dwell in Possibility—"의 첫 행을 예로 들어보자. '나(는), 산다, 안에, 가능성'이 된다. 영어에서는 주어와 술어의 거리가 가까운데 한국어에서는 주어와 술어의 거리가 가장 멀다. 그래서 '나는 가능성 안에 살아요'라고 많이들 옮긴다. 실제로 기존 책에서는 대부분 '가능성 안에'로 번역되었는데, 나는 이걸 다시 '가능성에 살아'라고 하고 싶다. '안에'와 '에'는 엄연히 다르다. 가능성은 무엇보다 안과 밖, 여기와 저기, 경계를 자유로이 넘나들 수 있는 에너지이기 때문이다. 'I live in Seoul'을 '나는 서울 안에 산다'라고 하지는 않으니까 말이다.

여기서 잠깐. 동사 '산다'를 '살아요'라는 높임표현으로 정하는 것도 번역가의 선택이다. 디킨슨의 시들은 지금까지는 비교적 온순한 톤의 높임표현으로 옮기는 경우가 많았다. 지난해 말, 나는 언어교육에서 시를 꼭 가르쳐야 하는 이유를 가지고 논문을 하나 썼다. 우리나라 교육 현장에서 영어교육이 무너져가고 있기에 그를 바로 세우자는 취지로 열린 심포지엄에서 논문을 발표했다. 그때 디킨슨의 시를 읽으며 '살아요'라는 높임표현을 썼다. 그러다 오늘 아침 이 글을 수정하면서, "'요'는 무슨……. 빼야지" 하는 마음을 먹는다. 도전적인 방식으로 높임표현을 쓰지 않고 옮겨도 좋다 싶어서. 독자에게 말을 걸 때, 나 자신에게 말을 걸 때, 부드러워지고 싶을 때가 많은데, 디킨슨이라면, '요'를 붙였을 것 같지만 나는, 지금, 그렇게 하고 싶지 않다. 물론 안다. 이 마음이 내일 또 바뀔지도 모른다고. 아마 지금, 〈영미문학과 젠더〉라는 제목의 강의를 구상하고 있기 때문일지도 모르겠다. 이렇게 쓰면서 나는 또 중얼거린다. 모든 건 '사이'의 일이라고.

번역할 때 이 변덕을 가장 열심히 앓게 했던 시인은 2020년 노벨문학상 수상자인 루이즈 글릭Louise Glück, 1943~2023이다. 글릭의 시를 옮길 때, 여러 목소리를 가지고 대화하는 장면에서 톤을 정하는 게 쉽지 않았다. 때로 신에게 말을 거는 장면에서도 나는 높임표현을 쓰지 않고 대드는 듯 도전적인 톤을 구사하기도 했는데, 그건 순전히 마음의 풍경 때문이었다. 그럴 때가 있지 않은가. 신에게 대들며 맞짱 뜨고 싶을 때.

번역가는 시를 읽는 독자로서 시인의 감정에 이입하는 사람이다. 19세기에 번역가는 '번역-하인translator-servant' 이라고 불렸지만, 번역가는 더는 하인이 아니다. 번역가는 사이에 사는 사람. 산다는 것은 그냥 있는 것이 아니다. 번역가는 사이를 능동적으로 건너는 사람이고, 어디에서 어디로 건너가는지를 정확히 안다. 그 순서 또한 수직적 질서에 의존하지 않는다. 번역가는 사이에서 여러 겹의 정체를 견디는 이. 독자이자 저자가 되고 너무 다정해도 너무 냉정해도 안 되는 이. 번역을 '사이'의 일이라 할 때 그 사이는 까탈스러운 전제 조건으로서의 윤리적인 질문이지 궁극적인 지향점은 아니다. 좋은 번역에서 번역가는 결국 어디에서 어디로 훌쩍 뛰어넘는 장대높이뛰기 선수이므로.

Creativity 창조성

‘불가능’은 사실 시 번역을 이야기할 때 늘 수반되는 개념이다. 시 번역이 정말 가능한가 하는 회의 말이다. 이와 함께 자주 거론되는 김소월의 시 「진달래꽃」을 보자. “가시는 걸음걸음/ 놓인 그 꽃을/ 사뿐히 즈려밟고 가시옵소서”라는 구절. 여기서 “즈려밟고”를 어떤 비평가는 ‘힘주어 밟고’로, 다른 비평가는 ‘미리 먼저 밟고’로 해석한다. 어느 쪽을 따르느냐에 따라 번역은 달라진다. 번역가는 결단을 해야 한다. 그것은 신비롭고도 고통스러운 과정이다. 번역에 마침표를 찍기까지 번역가는 자기 경험과 지식으로 기본적인 읽기에서 출발하여 수준 높은 비평 행위까지 아우른다. 내가 자주, “번역가는 작품의 첫 독자이자 가장 마지막까지 남는 비평가다”라고 말하는 건 그런 이유다.

창조성은 그때 중요하다. 작품과 만나는 번역가의 자세, 개성, 지성, 공감, 읽기 능력, 언어 능력을 보여주는 문학 번역은 읽기와 해석, 비평을 두루 거치는 작업이기에 창조성이 담보되지 않고서는 불가능하다. 온전히 드러나지 않은 행간의 의미, 생략, 여백까지 읽어야 하고, 의미가 겹치는 단어를 최종적으로 선택하기 위해 여러 경우의 수를 저울질한다. 미국의 시인 윌리엄 칼로스 윌리엄스William Carlos Williams, 1883~1963가 시 「일종의 노래A Sort of a Song」에서 시인을 풀숲 아래 기다리는 '뱀'에 비유하면서 "느리지만 재빠르고 예리하게slow and quick, sharp" 시어를 고르라고 했는데, 그것은 번역가에게도 마찬가지로 요청되는 창조적 방법론이다.

이걸 수행할 수 있는 AI는 없다. 챗GPT는 느린 참을성과 예리한 결단이 없다. 하나의 시어가 품은 여러 가능성 중 하나를 선택하는 일, 번역가의 창조적 개입이야말로 시 번역을 단순한 복제나 재현만 하는 실용적인 번역과 구분해준다. 느리지만 재빠르고 예리한 판단. 번역에서 창조성은 이처럼 창작 과정에 수반되는 어떤 리듬, 다른 속도와 함께 새롭게 사유될 수 있다.

이로써 번역의 창조성은 역자와 독자의 창조적 읽기를 아우른다. 번역이 주는 최고의 재미와 위안이 여기에 있다. 작품을 어떻게 잘 보여줄까 고민하는 번역가에게 필요한 것은 완급을 조절하는 능력이다. 도착어권의 독자에게 쉽게 가닿고 싶은 바람을 지긋이 눌러주면서 두 언어 사이의 거리를 팽팽하게 겨누며 줄을 타는 것. 그 아슬아슬하고 짜릿한 경험을 AI는 모른다. AI는 망설임을 모른다. 다른 가능성 속에서 하나를 선택할 때까지의 고민들, 그로 인한 느림과 빠름의 이중 리듬을 모른다.

*

2023년 세계 최대 AI 연구소인 오픈AI에서 대화형 인공지능 서비스 챗GPT를 내놓으면서 글쓰기나 번역은 이제 AI가 완전히 대체할 수 있다고 믿는 분위기다. 번역 종말론은 대세가 되었다. 과거 사람들이 기대던 번역 툴은 기껏해야 파파고나 구글 번역이었는데, 이젠 셀 수 없이 많다. 이 시절, 사람이 하는 번역은 정말 끝났는가? 직업으로서의 번역가는 더 이상 전망이 없는가? 이 질문 앞에서 문학번역을 하는 사람은 자주 위축된다. 사람이 하는 번역을 정말 인공지능이 대신할 수 있나? 문학번역 교육의 현장에서 우리는 무엇을 고민해야 하는가?

영-한, 한-영 시 번역가로서, 또 번역 연구자이자 교육가로서 나는 처음엔 이 질문을 그다지 심각하게 생각하지 않았다. 하지만 여러 상황이 더해졌다. "우리 이제 짐 싸야 해. (AI의 등장으로) 좋은 시절 다 간 것 같아." 지난 3월 초, 대학에서 번역을 가르치는 어느 번역가가 이 말을 툭 던졌을 때 나는 속으로 생각했다. '번역에 좋은 시절이 언제 있었던가?' 그리고 시작한 봄 학기 수업. 문학번역이 무엇인지, 관심 반, 궁금증 반으로 상기된 학생들 얼굴. 이런 생각이 들었다. '번역 수업은 집에서 하는 과제가 중요한 부분을 차지하는데 챗GPT 사용을 어떻게 막을 수 있나?' 그래서 결단을 내렸다. "그래, 어때, AI와 같이 가보는 거지 뭐." 학부 2학년생을 대상으로 하는 수업에서 우리는 그렇게 AI와 공생하며 문학번역의 이론과 실제를 알아가기 시작했다.

한 학기 동안 우리는 여러 실험을 했다. 대상 텍스트를 번역하면서 학생들은 가능한 모든 수단을 동원하여 번역했다. 단 하나 전제 조건이 있었으니, 반드시 AI 번역과 자신의 번역을 비교해보는 것, 그에 대해 에세이를 쓰면서 문학번역에서 무엇이 중요한지를 고민해보는 것이었다. 예상보다 AI 번역이 만족스럽지 못하다는 학생들도 있었고, 너무 빨리 결과물을 도출해내는 AI 번역의 놀라운 속도에 위축되는 학생도 있었다.

한 학기가 지나고 우리가 내린 결론을 정리해보면 이렇다. 일단 AI는 빨라서 좋다. 하지만 맥락을 몰라 엉뚱한 실수를 자주 한다. 문학의 여러 장르 중 AI가 특별히 취약한 장르가 있었으니 바로 시다. 시를 대상으로 할 때 AI 번역은 문맥이나 형식의 특이성을 변별해내지 못하는 경우가 많다. 그렇다고 해서 사람이 하는 번역이 완전한 것은 또 아니다. 그 과정에서 "AI, 아직 멀었군!" "역시 시는 어려워!" 같은 탄식도 나왔고, "아, 아직 번역이 끝난 건 아니군! 문학번역가가 필요해. 특히 시 번역은 더욱!"이라는 안도의 한숨도 나왔다. 우리는 그렇게 학기를 마무리했다. 나름 만족스러웠다. 피하지 않고 직면하여 결론에 도달했으니 말이다.

그 학기의 선물이 하나 더 있었다. 한 학생이 군대를 가기 전에 내게 남긴 쪽지였다. 책을 읽을 때마다 옛날식으로 빽빽한 독서 카드를 만든다는 그 학생은 "이 모든 게 뭔가요? AI가 횟수를 세고 지도를 그려주는 단어들의 풍경이 무슨 의미가 있나요?" 물으며, 자신은 자신의 독서법을 고수하겠노라고 했다. 그가 바로 입대했기에 답을 하지는 못했지만 그 학생이 학교에 돌아오면 나는 그 배짱을 칭찬해 주고 싶다. 그러면서 연구자로서의 방법론과 독자로서 접근하는 것의 차이를 말해주겠지. 무엇보다 자기만의 방식을 고수하겠다는 그 의지로 너는 무엇이든 잘할 수 있으리라고 말해주고 싶다. 어떤 것도 어떤 것의 끝을 결정할 수는 없다.

Double 이중성

루이즈 글릭의 다섯 번째 시집 『아라라트 산Ararat』. 번역을 하면서 어려운 지점이 많지만 이럴 때 특히 어렵다. 아라라트 산이라고 해야 할지, 아라라트 묘지라고 해야 할지. Ararat는 노아의방주가 닿은 산 이름이다. 검색해보면 늘 하얀 눈을 이고 있는, 튀르키예 동쪽의 휴화산으로, 튀르키예에서 가장 높은 산이라 한다. 국경을 접하고 있는 바로 옆 나라, 아르메니아인들에게는 민족의 정기를 품은 산으로 신성하게 여겨졌다고 한다. 성경에는 아라라트가 총 네 번 나온다. 창세기 8장 4절, 열왕기하 19장 37절, 이사야서 37장 38절, 예레미야서 51장 27절인데, 창세기를 보면 "그리하여 일곱째 달 열이렛날에, 방주가 아라라트 산 위에 내려앉았다"고 한다.

동시에 Ararat는 루이즈 글릭이 살았던 뉴욕 롱아일랜드의 유대인 묘지 이름이기도 하다. Mount Ararat Cemetery. 글릭이 어린 날 살던 동네와 가깝고, 글릭의 아버지를 비롯한 가족 묘지가 거기 있다. 실제로 글릭이 다섯 번째 시집을 쓸 당시에 아버지가 편찮으셨고, 이 시집은 아버지를 이 지상에서 떠나보내는 고통스러운 과정의 산물이다. 말하자면 시집의 처음도, 끝도, 아버지와의 작별, 아버지께 사랑받고 싶은 갈망으로 힘들었던 어린 날과의 작별 이야기다. 그렇다면 아버지를 묻은 다음에 나온 이 시집의 제목을 '아라라트'로 한 것은 묘지를 이야기하는 것이 아닐까, 이런 추측도 가능하다. 번역을 할 때, 전기적 사실을 어느 정도 직접적으로 개입시킬까 하는 문제는 늘 진행형의 고민이지만 이 시집을 번역할 때 유난히 더 제목에 오래 머물렀던 것은 그런 이유다. 그렇다고 아라라트 묘지라고 할 수는 없었다. 그냥 아라라트 산이라고 한 것은 롱아일랜드의 유대인 묘지를 모르는 독자들에게 보편적으로 접근하고 싶어서였다. 그래서 고민 끝에 끝내 '아라라트 산'으로 갔다.

번역가가 어느 순간 냉정해져야 하는 것은 그런 이유. 둘 다를 취할 수 없어서, 시의 단어는 하나가 아니라 여럿을 동시에 품고 있는데, 그 모두를 품는 것이 허락되지는 않을 때 하나에 머물러야 한다면 어디에 머물러야 할까. 번역은 늘 냉정과 다감 사이를 오가는 일. 나는 성정이 다감한 사람인데, 번역가로서의 나는 어떠한가? "너 은근히 무심해." 서운해하던 친구가 있다.

지금은 연락이 닿지 않는 그녀를 생각한다. 내향형인 나를 끌어내주던 친구였다. 나는 혼자 한 달을 집에만 있어도 아무렇지 않다. 기도 안에서 가깝고도 멀리 있는 누군가를 늘 떠올리지만 먼저 연락하진 않는다. 그런 내게 늘 연락을 먼저 해오던 친구였다. 내가 학교에서 학과장직을 맡게 되어 괴롭고 힘든 일을 처리해야 했을 때, "은귀야, 너는 속이 상해도 욕도 못하지? 아는 욕이 없지?" 하며 나를 대신해서 찰진 욕을 아주 맛깔나게 해주던 친구였다. 어느 순간, 전화번호가 바뀌고 지금은 연락이 닿지 않는 친구를 가끔 생각한다. 다정과 냉정을 생각할 때마다, 나의 냉정과 무심을 일깨워주던 친구. 우리는 멀어졌다가 다시 가까워졌다가 다시 멀어진다. 그러다 다시 또 만날 것이다. 끝없이 생각하는 번역의 일 속에서 내 삶의 어느 무늬도 이렇게 기입된다. 다정과 냉정을 오가는 번역의 일. 지향과 존재. 우리는 모두 되어가는 존재이기에 오늘의 나는 어제의 내가 아니다. 우리는 becoming과 being을 동시에 품은 존재라서 내일의 나는 여러 해 전의 나와 겹쳐지다가 아직 오지 않은 먼 미래의 나를 품기도 한다. 지난한 변화의 과정 안에 있지만, 동시에 매 순간 일시적으로 결정하고 선택해야 하는 존재의 일. 번역의 존재론은 결국 삶의 존재론과 다르지 않다.

그렇다면 아라라트 산과 아라라트 묘지 사이, 둘 다를 선택할 수는 없을 때 어떻게 해야 하는지. 그럴 때는 더 큰 쪽에 머문다. 그럴 때 나는 수학에서 사용되는 기호들을 생각한다. 교집합과 합집합. 무엇에 무엇이 들어가는지, 무엇은 무엇을 품고 있는지. 가령, 아라라트 산은 아라라트 묘지를 품을 수 있지만, 아라라트 묘지는 아라라트 산을 품을 수는 없다. 이런 고민 끝에 더 크고 너그럽게 품는 단어를 선택한다. 대혼돈 속에서 우리가 방주를 타고 도착하는 구원의 산을 생각한 것은 그런 이유다.

이 글을 쓰는 지금, 또 누군가가 묻는 것 같다. 그냥 '아라라트'라고 할 수도 있지 않느냐고. 그런데, 그렇게 하면 안 될 것 같(았)다. 기독교 문화권에 속한 영미의 독자들은 Ararat라고 하면 단박에 노아의방주가 닿은 산이라는 걸 떠올리지만, 우리나라의 독자들은 그렇지 않다. Ararat를 아라라트라고 하면 그냥 무작정 낯선 이름이 된다. 사람 이름인가, 도시 이름인가, 산 이름인가, 그냥 아무 의미가 만들어지지 않는 낯선 타자가 된다. 그렇게 되면 번역이 해야 하는 신실한 전달과는 멀어진다. 그래서 우리말로 전달할 때 아라라트 '산'이라고 불러주어야 적어도 그 단어가 품고 있는 기본적인 함의에 가깝다.

『아라라트 산』을 번역하던 여름, 아르메니아를 방문할 계획이 잡혀 있어서 멀리서라도 아라라트 산을 볼 수 있다는 생각에 한동안 마음 설렜다. 하지만 그 계획은 이루어지지 못했다. 대신 나는 내 작은 공부방에서 아라라트 산을 시를 통해 올랐다. 아쉬움을 달래며. 이 시집의 별책으로 엮은 옮긴이의 말에 "끝내 보지 못하고 오른 아라라트 산"이라고 제목을 단 것은 그런 이유다. 다정과 냉정 사이, Ararat를 아라라트 산이라고 옮긴 건 잘한 것 같다. 비록 글릭의 마음 안에는 아버지를 묻은 아라라트 묘지가 더 크게 자리하고 있었을 것이지만, 글릭은 아버지를 묻음으로써 비로소 아버지와 화해를 했기 때문에, 인류가 하느님과 최초의 계약을 맺은 그 영산靈山 아라라트 산은 글릭에게 어쩌면 아버지이자 하느님께 다가갈 수 있었던 첫걸음이 아니었을까.

곁가지 이야기를 덧붙이자면, 첫 시집을 무려 스물여덟 번의 거절 끝에 어렵게 내고, 출간 이후에도 평론가들에게 그리 좋은 소리를 못 들었던 글릭은, 시인으로서 성공할 수 있을까, 회의하던 어느 날, 점술가에게 물었다고 한다. 시인으로서 성공할 수 있을지 봐달라고. 점술가는 시집을 다섯 권 내게 될 것이고 시인으로서 성공하게 될 거라고 예측했다. 하지만 글릭은 다섯 번째 시집을 낼 때까지 시단에서 자리를 그다지 굳건하게 잡지 못하고 있었다. 조금씩 이름을 얻긴 했지만 여전히 시인으로서의 자기 정체에 대한 회의에 시달리고 있던 터였다. 점술가의 예언에 따르면 어쩌면 마지막 시집이 될 지도 모를 『아라라트 산』은 글릭의 은사 스탠리 쿠니츠Stanley Kunitz, 1905~2006가 출간을 반대한 시집이었다. 글릭이 컬럼비아대학에서 파트타임 학생으로 시를 공부할 때부터 시의 길에서 내내 조언을 아끼지 않던 선생님이 반기지 않는 시집을 내는 것이 쉽지 않았을 것이다. 하지만 글릭은 자기 소신대로 했고, 그렇게 나온 시집은 문단의 호평을 받았다. 그 힘으로 여섯 번째 시집도 계속 이어갈 수 있었다.

그러니 글릭에게 아버지와의 작별이 담긴 『아라라트 산』의 여러 시편은 다 큰 어른이면서도 끝내 아버지 앞에서는 어린 딸이었던 시인이 한 인간으로서 정신적인 독립을 얻는 과정을 담은 기록이었고, 그 시집을 내는 일은, 시인으로서 스승의 평가가 아니라 자신의 의지에 따라 독자들과의 굳건한 계약을 가능하게 한 계기가 되었던 것이다. 다음 시집 『야생 붓꽃Wild Iris』으로 글릭은 퓰리처상을 타게 되었으니, 그 계약은 유효했다.

무엇보다 시를 쓰는 시인이 시에 거는 믿음, 그게 제일 큰 동력이었을 터다. 글릭은 끝내 '시인이 되고자' 했던 시인이다. 노벨문학상을 탄 이후에도, 시인은 오직 시인이 되고자 했다. 되어가는 것, 되고자 하는 것, 그 의지와 신비가 시인 루이즈 글릭을 있게 했다고, 마침내 우리 앞에 데려다 놓은 힘이었다고 나는 그리 믿는다.

Error 오류

번역에서 오역을 피할 수는 없다. 번역은 계속해서 빗나가는 일. 빗나가면서 만나는 지점에서 번역이 의미 있는 행위가 된다. 오역은 아마도 번역가가 가장 두려워하는 일일 것이다. 오역을 예방할 수 있는 방법에 대해서『번역은 글쓰기다』의 저자 이종인은 이렇게 말한다.

> 첫째, 텍스트를 많이 읽어야 한다. (…)
> 둘째, 하루의 번역량을 가능한 한 적게 책정해야 한다. (…)
> 셋째, 번역을 완료한 후에는 완성된 번역 원고를 모두 프린트해서 처음부터 끝까지 통독해본다. (…)
> 넷째, 책이 출판된 다음에 평범한 독자 입장으로 돌아가 번역본을 통독한다.❖

이 네 가지 기준 모두 번역가의 오랜 경험에서 우러나온 정말 소중한 팁이라 생각한다. 번역할 책을 여러 번 읽

❖ 이종인,『번역은 글쓰기다』, 즐거운상상, 2009, 125~126쪽.

어야 한다는 것은 시를 번역할 때는 말할 나위도 없다. 좀 흉미로운 비유지만 잘근잘근 시를 소화할 수 있을 정도로 여러 번 읽어야 한다. 원문을 모른 채 번역문만 읽을 때에도, 가끔 번역된 구절이 좀 이상하다 싶은 순간이 있다. 문학 공부를 오래 한 경험상 그런 눈이 생긴다. 그런 경우 원문을 찾아 대조해보면 십중팔구 오역이 발생해 있다.

두 번째 기준, 하루에 번역할 분량을 가능한 한 적게 책정하는 것은 참 중요한 문제인데, 사실 이게 쉽지는 않다. 대개 번역은 시간 싸움이기 때문이다. 번역가가 번역만으로 생계를 유지하는 경우는 많지 않아서, 전문 번역가라 하더라도 여유 있게 번역량을 잡으면 번역으로 밥벌이가 안 되기가 쉽다. 그럼에도 불구하고 나는 이 기준이 중요하다고 생각한다. 할 수 있는 만큼 하는 것. 충분히 탐독하고 충분히 즐기면서 하는 것. 특히 시의 경우엔 이게 더 중요하다. 너무 많이 번역하다 보면 실수가 생기는 것은 당연하다. 번역량을 적게 책정하는 것은 아마 많은 번역가의 바람이기도 할 것이다. 할 수 있는 만큼만 하고 느릿느릿 걷고 쉴 수 있는 번역가의 삶. 학교에서 강의도 해야 하고 행정도 해야 하고 학생들 논문 지도도 해야 하는 빠듯한 나날에 번역하는 시간을 내기가 쉽지 않은 나는, 주로 새벽에 일찍 일어나서 시간을 정해 놓고 번역을 한다. 그러니 나는 번역량을 미리 잡는다기보다 번역하는 시간을 미리 정한다. 가령 새벽 4시부터 아침 8시까지. 이렇게 규칙적으로 번역을 하는데, 그렇게 했기 때문에 학교에 나가 강의를 하고, 연구논문을 쓰면서도 글릭의 시집 열세 권을 완역하고 또 규칙적으로 칼럼을 쓰는 등의 일들을 모두 소화할 수 있었다. 한 사람이 여러 사람이 되어 보는 것은 번역가로서도 글을 쓰는 작가로서도 매우 소중한 경험이다. 번역량 못지않게 시간을 정하는 것, 그리고 정해진 시간 동안 번역할 텍스트를 어떻게 만날지, 그 방법론을 각자 자기에게 맞는 호흡으로 찾아보는 것을 추천한다.

번역을 완료한 후에 원고를 인쇄해서 처음부터 끝까지 읽어보는 일 또한 매우 중요한 과정이다. 번역한 글을 컴퓨터 화면으로 보는 것과 인쇄물로 보는 것에는 큰 차이가 있다. 시의 경우 특히나 편집 서식 안에 놓고 보면, 행과 연의 구분 등, 시의 형식적 면에 대해 더 세밀하게 볼 수 있어서 큰 도움이 된다. 파일의 원고를 지면에 앉혔을 때, 행 배열이 흐트러지는 경우가 생긴다. 신문 칼럼을 쓸 때도 이게 무척 중요하다. 딱 정해진 서식에 앉힐 때, 시행이 넘어가면 어떻게든 줄이고자 애를 쓰면서 나는 시의 모양새에 무척 신경을 쓴다. 그러니까 지면에 앉히는 편집 이전도 좋지만, 편집 이후 책이 되었을 때의 모양 그대로 인쇄해 읽어보고 반드시 시의 형식적인 면을 함께 보도록 권한다.

마지막으로 책이 나온 후에 독자로서 번역본을 읽어보는 것. 내 경우, 이걸 잘 하지 못하는 편이다. 나는 논문도 내가 쓴 것을 당장 읽어보지 못한다. 내가 쓴 책도 마찬가지다. 최종 인쇄에 들어가기 전까지는 편집자를 조르고 졸라서 끝까지 한 번이라도 더 보려고 애를 쓰는 내가, 막상 책이 나오면 그걸 볼 수가 없다. 이건 마치, 앤 브래드스트리트Anne Bradstreet, 1612~1672의 시 "The Author to Her Book저자가 자신의 책에게"에서 인쇄되어 나온 책을 "나의 못생긴 아이"라고 자탄하는 심정과 비슷하다.

하지만 정확히 말하면, 책은 못생기지 않았다. 책은 너무나 예쁘게 나온다. 내가 쓴 책들은 번역이든 에세이든, 모두 놀랄 만치 예쁘게 나왔는데, 나는 거기서 어떤 오타나 오역을 발견할까 봐 떨려서 금방 다시 읽지 못한다. 여러 달 지나서 책을 천천히 읽어본다. 반갑다. 다행이기도 하고 아쉽기도 하다. 여기선 이렇게 할걸. 번역에 대해서나 글에 대해서 변덕이 금방 일어나지만, 일단 책으로 나온 이상, 나는 오타나 오역도 기쁘게 받아들인다. 아뿔싸. 이런 탄식이 없으면 좋겠지만, 그건 불가능한 일. 그럴 수는 없다. 오역을 고칠 수 있으면 고치고, 고칠 수 없으면, 못생긴 내 아이의 이마에 난 흉터 정도로 받아들인다. 흉터 또한 훈장이라서. 인쇄 직전에 어느 눈 밝은 편집자 덕분에 오역이나 오타가 발견되는 것은 마치 별이라도 새로 찾은 듯 반갑고.

오늘도 바라본다. 책꽂이에 쪼로록, 내 아이들이 반짝반짝 예쁜 옷들을 입고 나란히 서 있다. 한정된 나의 시간 안에서 나의 번역 노동, 나의 글쓰기 노동으로 탄생한 책들. 그대로 귀엽고 귀하다.

*

엄청난 오역을 했다. 책이 나오고도 한참 후에야 알았다. 그런데 그 오역을 바꾸고 싶지 않았다. 번역에서 이런 오역이 가능하다는 것을, 문학번역을 하는 수업에서 실례를 들어 보여줄 수 있기에 그야말로 산 공부가 아닌가. 선생의 실수를 먼저 아는 학생들은 실수를 크게 두려워하지 않을 것이다. 번역은 실수를 두려워하지 않아야 할 수 있는 일이다. 실수와 실패에서 배우는 번역. 일단 시작하고 마치는 힘. 완벽한 번역은 없음. 데버라 스미스가 한글을 처음 배워서 사전을 보며 읽어나간 소설 『채식주의자』를 번역할 때, 실수를 두려워했다면 그걸 다 해내지 못했을 것이다.

내가 남긴 대박 오역의 사연은 이러하다. 예나 지금이나 나는 원서를 옆에 펼쳐두고 눈으로 따라 읽으며 번역을 한다. 두 언어를 병기해야 할 때도 편리한 복사·붙여넣기를 하지 않고 일일이 타이핑을 친다. 급할 때는 파일 변환 프로그램을 이용하기도 하지만, 나는 타닥타닥 원문을 타이핑하는 그 시간이 참 좋다. 영어든 한국어든.

앤 섹스턴Anne Sexton, 1928~1974의 시들을 옮길 때도 그렇게 했다. 원서를 옆에 놓고 읽어가면서 번역을 했던 것. 「별이 빛나는 밤The Starry Night」은 네덜란드 화가 반 고흐의 그림을 보고 쓴 시다. 고흐의 가장 널리 알려진 작품이 아닐까. 마을은 평온한데 하늘이 온통 별 무리로 요동친다. 알려진 바에 따르면 고흐가 폴 고갱과 다툰 뒤에 귀를 자르고 생레미 정신병원에서 요양을 하고 있을 때 그린 그림이라고 한다. 시에서 이런 구절이 나온다.

It moves. They are all alive.
Even the moon bulges in its orange irons
to push children, like a god, from its eye.
The old unseen serpent swallows up the stars.
Oh starry starry night! This is how
I want to die:

밤은 움직인다. 별들은 모두 살아 있다.
달조차도 주황색 사슬 차고 툭 튀어나와 있다.
신처럼, 눈에서 아이들을 밀어내기 위해.
안 보이는 늙은 천사가 별들을 삼킨다.
아아, 별이 빛나는 별이 빛나는 밤! 나는 이렇게
죽고 싶어라.❖

여기서 "The old unseen serpent안 보이는 늙은 뱀"를 나는 "The old unseen seraph안 보이는 늙은 천사"로 읽었던 것이

❖ Anne Sexton, *The Complete Poems of Anne Sexton*, A Mariner Book, 1999, p 53. 국역은 앤 섹스턴, 「별이 빛나는 밤」, 『밤엔 더 용감하지』, 정은귀 옮김, 민음사, 2020, 60쪽.

다. 오죽하면 그 학기 타이핑해서 만든 교재에도 "seraph천사"로 적었기에 수업에서도 그에 따라 설명하면서 앤 섹스턴과 윌리엄 블레이크William Blake, 1757~1827를 비교했더랬다. 블레이크는 모든 시인의 시인 아닌가. 휘트먼Walt Whitman, 1819~1892을 비롯하여 영어권 현대 시인들은 거의 블레이크를 읽고 그의 영향을 받았다. 더욱이 1960년대, 1970년대 미국에서 블레이크는 비트 세대Beat Generation를 비롯하여 많은 시인에게 영감을 주었다. 수업에서 나는 섹스턴과 블레이크를 나란히 읽으며 블레이크의 시 「굴뚝 청소부The Chimney Sweeper」를 함께 이야기했다.

블레이크의 시에서 천사는 굴뚝 청소부의 꿈에 나타난다. 빛나는 열쇠를 가지고 와서 검은 관 속에 갇혀 있던 어린 청소부 아이들을 자유롭게 풀어준다. "아이들은 푸른 들판을 뛰고, 웃으며, 달려 내려갔어요/ 강물에 몸을 씻고, 햇살 아래 빛이 났어요." 얼핏 보기에 블레이크의 시에서 고단한 굴뚝 청소부의 꿈에 나타난 천사는 꿈에서나마 아이를 위로해주는 존재로 읽힌다. 물론 꿈속에서 어린 청소부들은 잠시라도 행복했을 것이다. 하지만 아이들을 검은 관에서 풀어준 천사를 다시 생각해보자. 천사는 관의 열쇠를 가지고 있다. 그건 동시에 아이들을 가두는 존재라는 뜻도 된다. 시의 끝에서 "착한 소년이 되면/ 하느님을 아버지로 모실 수 있고 언제나 기쁨에 넘칠" 거라는 말을 하는데, 이 말은 당대의 교회가 아이들을 착취하고 불행으로 내모는 사회시스템에 일조했던 바를 비스듬히 일깨워준다.❖ 이 시를 배우던 대학원 석사 때, 낭만주의 영시 수업 시간에 교수님이 들려주신 해석은 시를 어떻게 읽어야 하는지를 알게 해줬다. 눈이 번쩍 뜨이는 경험이었다. 그걸 가르쳐주신 유명숙 교수님의 지도를 받아 나는 빅토리아시대 영국의 가장 난해한 시인 로버트 브라우닝Robert Browning, 1812~1889에 대한 석사논문을 잘 마칠 수 있었다. 그 이후 표면적으로 드러나는 의미 너머로 시를 한 번 더 들여다보는 세심한 시선에 대해 늘 생각한다. 천사의 이중적인 의미, 해방시키는 사람의 이중적인 의미에 대해서도.

블레이크의 시에서 'angel'의 의미가 워낙 강렬해서 앤 섹스턴의 시를 읽으면서 나는 이 시가 블레이크의 영향을 받았다고 생각했다. 안 보이는 늙은 뱀이 별들을 삼키는 것보다 안 보이는 늙은 천사가 별들을 삼키는 것이 한밤 하늘의 풍경에 더 익숙하다고 생각했던 것은 그런 이유다. 일차적으로는 처음 읽을 때 단어를 다르게 본 나의 착각 때문이었는데, 윌리엄 블레이크가 고백시파 시인들을 비롯하여 20세기 중반 이후 미국 시인들에게 끼친 영향이 워낙 컸던 것도 사실이라서, 내 해석은 일테면 연구자로서 마음이 앞서 나간 착각이었던 것이다. 앤 섹스턴이 윌리엄 블레이크를 읽었는지에 대한 직접적인 증거는 없다. 하지만 몇몇 비평가

❖ 정은귀, 「적을수록 커지는 행복」, 『홀로 함께』, 민음사, 2024 참조.

들, 가령 액설로드 같은 경우 블레이크적인 환상의 힘을 통하여 추상성을 극복하고자 하는 노력이 앤 섹스턴의 시에서도 확인된다고 했으니❖ 나의 오해가 완전한 헛소리는 아닌 것이다.

번역에 완전한 오역은 없다고 말하는 이도 있지만 오역은 있다. 나의 흥미로운 실수를 여기서 글로 씀으로써 박제하는 것은 첫째, 실수가 두려워서 번역을 못 하겠다는 번역가 지망생이 있으면 이 글로 힘을 얻으면 좋겠다는 이유. 둘째, 번역을 할 때 선불리 추측하지 말라는 것. 이를 위해 눈이 나쁜 사람은 좋은 안경을 갖추고 컴퓨터는 될수록 화면이 큰 것으로 장만할 것. 잘 안다고 생각할수록 한 번 더 볼 것. 그리고 크고 작은 오역의 가능성을 뚫고 살아남는 시의 생명이 있으니 두려워 말라는 것. 나는 지금도 바쁜 내게 앤 섹스턴 시 번역을 적극적으로 권해준 편집자의 눈 밝은 선택에 큰 고마움을 갖고 있다.

이렇게 고백하지만 나는 뱀 대신 천사가 더 좋아서 만약 앤 섹스턴이 죽지 않고 살아 있다면, 친구처럼 시인에게 권할 것이다. 앤, 뱀이라는 단어 말고 천사를 넣는 게 어때. 이 세상은 매일 천사가 별을 삼키는 밤이 계속되고 있어.

❖ Rise B. Axelrod, "The Transforming Art of Anne Sexton", *Concerning Poetry*, vol. 7, no. 1, 1974, pp 6~13 참조.

Faithfulness 충실성

“정확한 번역은, 정의롭게 하고, 하여 그 텍스트를 그 언어에 다시 돌려준다.”❖ 아우슈비츠 생존자 프리모 레비가 『이것이 인간인가』를 번역한 독일 번역자 하인츠 리트에 대해서 한 말이다. 원저자에게 저런 말을 들을 수 있었던 하인츠 리트는 행복한 번역가임이 분명하다. 정확한 번역이 왜 정의와 연결되는가? 정확성은 충실성의 다른 이름이기도 한데, 대개 충실성은 번역에서 창조성과 배치되는 개념으로 생각된다. 하지만 정확한 번역 자체가 역자의 창의적 역량을 시험하는 것이다. 번역에서 창의적 역량은 대상 텍스트와 떨어지는 힘이 아니라 텍스트에 밀도 있게 집중할 때 나오는 힘이다.

그렇다면 정의이기도 하고 충실이기도 한, 그래서 정의justice는 곧 정의definition가 되는 번역의 정확성은 어디에서 오며 어떻게 가능한가? 『번역과 폭력』의 저자 티펜 사모요는 이 정확성이란 것이 언어적 등가성이나 환대의 원리에 의

❖ 티펜 사모요, 『번역과 폭력』, 류재화 옮김, 책세상, 2023, 191쪽에서 재인용.

한 것이 아니라고 한다. 그 정확성은 직역을 강조할 때 가능한 것도 아니고, 출발어(번역될 언어)에서 떠나온 도착어(번역된 언어)의 안정성을 강조할 때 가능한 것도 아니라는 거다. 언어적인 등가성을 넘어서는 번역의 '정의justice'는 이쪽에서 저쪽으로, 저쪽에서 이쪽으로, 이동 경로를 두 방향으로 오가며 완성된다. 그러니 낯선 땅에 도착한 외국인을 받아들이는 것처럼 낯선 것을 받아들이는 환대의 개념으로는 불충분할 수밖에. 환대에는 늘 적대의 개념도 수반되기 때문이다.

가령 이런 것이다. 낯선 나라의 공항에서 받는 입국심사를 생각해보자. 어디에서 왔어요, 언제 돌아가나요. 딱딱하면 딱딱한 대로 친절하면 친절한 대로 환대는 적대의 가능성 안에서, 긴장 안에서 만들어진다. 마찬가지로 번역에서 정확성과 정의 또한 언뜻 동일해 보이지만 실제로는 긴장 관계에 놓여 복잡한 윤리적 문제가 중첩된다. 번역의 윤리적 책임, 원작자와 독자 사이의 서로 다른 시공간, 역사, 언어적 권력의 차이, 작품이 갖는 역사적 맥락과 억압 구조, 목소리가 가시화되는 방식 등이 모두 번역에 개입되는 정확성과 정의의 문제를 고민하게 한다.

글릭의 시집 『야생 붓꽃』은 많은 경우 대화로 이루어져 있는데, 꽃의 목소리를 띤 어떤 시는 높임표현으로 말을 걸고 어떤 시는 그냥 낮추어 말했다. 영어에는 물론 높임표현 구분이 따로 없는데 한국어에는 말을 높이느냐 낮추느냐에 따라 시의 질감이 확연히 달라진다. 통상 꽃의 목소리는 대상에게 높임표현으로 말을 거는데, 그 부분을 나는 오래 고심했던 것이다. 억눌린 목소리를 드러낼 때, 그 목소리의 발현을 단일한 방식으로 높임표현을 쓰는 것에 거부감이 있었기에 의도적으로 시에 따라 톤을 달리한 것이다. 예를 들어 첫 시 「야생 붓꽃Wild Iris」의 경우 "내 고통의 끝자락에/ 문이 하나 있었어.At the end of my suffering/ there was a door."라고 시작하는데, 예사말로 쓰면서 말을 거는 대상을 '너'로 했다. 2연의 "Hear me out"의 느낌이 워낙 강했기 때문이다. 이어지는 시들, 「연령초Trillium」나 「광대수염꽃Lamium」에서도 마찬가지로 존댓말을 쓰지 않았다. 하지만 「눈풀꽃Snowdrops」에 이르러서는 경어체를 썼는데, 꽃의 이미지와 꽃이 놓인 상황을 생각하면서 달리 선택한 예다. 영어에 표면적으로 드러나지 않는 경어체의 문제, 말을 높이느냐 낮추느냐, 또 영어에서 'you'라고 되어 있지만 말을 거는 대상을 '너'로 하느냐 '당신'으로 하느냐, '그대'라고 하느냐에 따라 느낌이 확연히 달라지는 이런 결정들이 하나하나 다 쉽지는 않았다. 하지만 그런 어려움을 나는 다른 번역가가 지나온 곤혹과 어려운 시간을 상상하며 견뎠는데, 이게 바로 번역에서 '정확'과 '정의'의 긴장된 높이를 최대한 조율하기 위함이었다.

가령 앞에서 행복한 번역가로 이야기한 하인츠 리트만 하더라도 초기 번역 과정에서는 레비의 불만을 샀다고 한다. 즉, 문법적으로는 정확한 번역임에도 역사적 고통을 통과한 이의 증언을 제대로 전달하지 못하는 "평평하고 무심한flat and detached" 번역이라 불만스러워했다고. 정확하지만 감정적·도덕적 무게가 결여된 번역을 두고 레비가 여러 차례 번역가와 소통, 수정을 한 끝에 결국 고통을 통과한 이의 정서적 울림까지 포착한 섬세한 번역에 도달했고 그 이후에야 레비가 만족했다고 한다.❖ 이탈리아어에서 독일어로 옮기는 과정에서 증언을 증언답게 하는 것, 그것을 레비는 '내적인 충실성inner faithfulness'이라고 표현했다. 이처럼 번역은 외적인 언어의 등가성으로 정확성이 확인되는 장이 아니라 내적인 충실성으로 정확성이 정의되는 가능성의 장이다. 가능성의 장이라는 개념이 문학번역에서 중요한 것은 이런 방식으로 번역가의 언어적 역량이 비평적 역량과 창의적 역량의 만남 안에서 시험되기 때문이다. 성공과 실패의 가능성을 모두 아우르면서.

❖ Martina Mengoni, *Primo Levi e i Tedeschi*, Einaudi, 2017, p 219 참조.

Gap 틈

앞서 성공과 실패의 가능성을 동시에 짊어진 '가능성의 장'으로 번역의 운명을 이야기했는데, 번역할 때 가장 어려운 단어 중 하나로 '슬픔'이 있다. 정말이지 '슬픔'만큼 어렵고 복잡한 단어는 없다. 슬프다. 당신은 슬픈가? sad, sorrowful, mournful, grieved. 어떤 단어를 대입해도 우리말 슬픔에 어린 슬픔을 온전히 낚지 못한다. 그런 것 같다. 아직 우리말 슬픔에 오롯이 홀로 대입되는 영어 단어를 찾지 못했다. 그래서 그때그때 맥락을 보고 선택한다.

이와 비슷하게 번역하기 어려운 단어가 '쓸쓸'이다. 한강의 시집 『서랍에 저녁을 넣어 두었다』의 시 하나를 두고 '쓸쓸'을 오래 고민한 적이 있다. 시 「마크 로스코와 나—2월의 죽음」인데, 화가 로스코의 죽음과 '나'의 탄생이 절묘하게 겹쳐지는 신기한 인연을 그리고 있다.

한강은 자신이 태어나기 9개월 전에 스스로 목숨을 끊은 마크 로스코와 자신이 연결되어 있다고 느낀다. 어느 여름, 서촌에서 한강 작가와 나는 이 시에 대해 이야기 나누면서 쓸쓸함에 오래 머물렀다. 쓸쓸함이란 감정, 쓸쓸함이란 느낌. 이걸 어떻게 번역했더라. 뭐가 가장 적절한 단어일까, "신기한 일이 아니라/ 쓸쓸한 일".❖ 그 인연은 신기한 일이 아니고 쓸쓸한 일이다. 왜일까?

한 생명은 거두어져 다시 원래의 자리로 돌아가고, 한 생명은 자궁 속에서 점으로 맺혀 생명의 무한한 팽창을 준비하는 시간이 겹쳐 흐르는 지점, 시간의 주름 속에서 떠나는 자와 남는 자, 새로 태어나는 자. 나의 핏줄 속에 그의 영혼이 흐르는 걸까. 그의 영혼의 핏줄은 어떤 느낌일까. 한강은 홀로 떠나간 이의 쓸쓸함을 안는다. 태어나기도 전에 작은 점으로.

쓸쓸함은 한강의 작품에 익숙하게 등장하는 정서다. 소설 『작별하지 않는다』엔 쓸쓸하다는 표현이 세 번 나온다. "인내와 체념, 슬픔과 불완전한 화해, 강인함과 쓸쓸함은 때로 비슷해 보인다. 어떤 사람의 얼굴과 몸짓에서 그 감정들을 구별하는 건 어렵다고,"❖❖ 제주에서 만난 인선, 접시에 김치를 덜어 식탁에 올려놓는 인선의 얼굴이 서울에서보다 좀 평온해졌다고 경하가 생각하는 대목이다. 그다음으로 나

❖ 한강, 「마크 로스코와 나—2월의 죽음」, 『서랍에 저녁을 넣어 두었다』, 문학과지성사, 2013, 16~18쪽. 이 시의 번역 작업은 어떤 프로젝트의 일부로 기획되어 시작한 것이었다. 시집 전체가 아니라 일부만 번역하는 프로젝트 성격에 이견이 있어 번역은 출간으로 이어지지 못했고, 나는 시인과 함께 쓸쓸에 대해 고민한 오후의 추억을 얻었다.

❖❖ 한강, 『작별하지 않는다』, 문학동네, 2021, 105쪽.

오는 구절, “톱밥의 불이 나무토막으로 옮겨붙길 기다리는 인선의 옆얼굴이 침착하고 쓸쓸했다.”❖ 역시 인선의 옆얼굴을 훔쳐보는 경하의 시선이다. 마지막 세 번째도 인선을 바라보는 장면이다. 고립된 마을에서 어떻게 살았는지 물을 때, 인선이 죽은 아미를 떠올린다. “고요한 사랑의 빛이 그녀의 얼굴에 어리는 것을 나는 보았다./ 아마가 있잖아./ 그 빛이 꺼지는 듯하다 잔불처럼 쓸쓸히 되살아났다./ 아미는 죽었어, 여러 달 전에. 아마는 사흘을 물만 먹었어.”❖❖ 인선을 바라보는 경하의 시선이 세 번 쓸쓸함에 머문다. 세밀히 들여다보면 그 쓸쓸함의 강도도 내력도 조금씩 다르다.

상대에게서 쓸쓸함을 읽어내는 눈은 어떤 눈일까, 당신은 누구에게서 쓸쓸함을 보는가. 내가 내지르는 울부짖음이 아니다. 쓸쓸함은 바라보는 자의 몫이다. 바라보는 자가 바라보이는 자를 포획하는 사랑의 눈이다. 거기 은근히 어리는 감정이 쓸쓸함이다. 사랑이 없으면 보지 못하는 그 쓸쓸함이란 것.

마크 로스코의 죽음과 자신의 삶을 겹쳐 바라보는 시인 한강은 죽은 자와 산 자에게 함께 드리우는 쓸쓸함을 본다. 궁금하다. 시인은 화가의 어떤 그림 앞에 서 있었을까? 그걸 속속들이 묻지는 못했다. 서촌의 한 카페 3층 창가에 앉

❖ 위의 책, 189쪽.

❖❖ 위의 책, 196쪽.

아서 우리는 커다란 통유리로 바깥 풍경을 내려다보고 있었다. 저 아래, 한 커플이 지나가고 있었는데, 눈 밝은 나는 내가 수업에서 가르친 학생 커플이라는 걸 단박에 알아차렸다. 어머, 저기 제가 가르친 학생들이 지나가고 있어요. 둘이 막 결혼했어요. 이런 이야기를 시 이야기와 함께 두런두런 나누었으니, 쓸쓸함에 집중하기엔 저 아래 걸어가는 사람들이 너무 다정했고, 우리를 비추던 여름 오후 햇살은 너무 눈부셨다.

"쓸쓸함은 번역이 참 어려워요." "그러게요. 뭐가 좋을까요?" 자리에서 일어설 때까지 나도 작가도 그냥 희미한 질문만 했다. 다른 이야기 속에서 물음표로 그 단어를 남겨두었다. 나중의 결정은 역자의 결단이기 때문에. 결국 수많은 선택지 중에 내가 lonesome을 정한 것은 something 때문이었다. something lonesome으로 이어지는 두 단어가 만드는 소리의 리듬이 나를 붙잡았던 것. 쓸쓸하나 다부진 어떤 것. 유약함이 아니라, 쓸쓸함이 주는 어떤 단정한 힘 같은 것이 있다고. 그걸 전하고 싶었다.

이후 나는 계속 쓸쓸함을 골똘히 생각하는 버릇이 생겼다.

❀

한강의 자전적소설 『흰』에 나오는 쓸쓸함은 "cheerless"로 번역되었고, 『작별하지 않는다』의 영역판 *We Do*

*Not Part*가 나오자마자 찾아 읽어보니 두 역자는 세 차례의 쓸쓸함을 "loneliness" "bereft" "forlorn(embers)" 이렇게 각각 다르게 옮겼다. 다른 역자라면 앞의 시를 어떻게 읽고, 쓸쓸함을 어떻게 옮길까, 자못 궁금해진다. 버려지는 것과, 기운 없는 것과도 살짝 다른, 역시나 혼자인, 혼자이나 굳건한, 쓸쓸함. 탄생은 오롯이 혼자가 아니지만 모든 죽음은 오롯이 혼자라서 쓸쓸하고, 쓸쓸함은 역시나 혼자여서 빛난다. 타인의 쓸쓸함을 알아채면서 자신의 쓸쓸함으로 그걸 어루만지는 연결, 그 마음의 끈이 한강으로 하여금 계속 글을 쓰게 만든 것 아닐까. 당신 지금 쓸쓸한가? 쓸쓸해도 괜찮다고 말한다.

Hospitality 환대

환대의 발길 (환대는 없다)

_자크 데리다, 『환대에 대하여』

이어서 그는 이렇게 쓴다.

우리는 간다. 우리는 이동한다. 〔본말을 넘어선〕 침범에서 침범으로, 그러나 또한 〔본말을 벗어난〕 탈선에서 탈선으로, 지나친 발걸음은, 침범은 무엇을 의미하는가? 초대받은 이든 불청객이든, 그들이 문지방을 넘는 행위는 언제나 침범의 발걸음으로 머문다고 할 때, 침범의 발걸음으로 머무를 수밖에 없다고 할 때 말이다. 그리고 옆으로 가는 발길인 이 탈선은 무엇을 의미하는가? 환대에 관한 이 이상한 소송은 어디로 흘러가는가? 이 끝날 줄 모르는 그러니까 결국 넘을 수 없는 역들, 그리고 이 아포리아들은?❖

❖ 자크 데리다, 『환대에 대하여』, 남수인 옮김, 동문선, 2004, 103쪽.

번역은 환대다. 환대는 어려움에서 어려움으로 가는 일, 불가능에서 불가능으로 가는 일이다. 시를 두고 새로움을 만드는 일이라고 할 때, 그 새로움은 어려움에서 어려움을 만드는 환대의 과정과 흡사하다. making을 뜻하는 그리스어 poiesis에서 온 poetry는, 문학의 여러 장르 중에서 언어의 실험성이 가장 높다. 익숙한 언어를 낯설게 보이게 하여 새로운 시선을 열어주는 시는 언어의 창조성이 두드러지는 장르다. 번역은 번역 주체의 제작 과정이 비교적 잘 드러난다. 그 점에서 번역은 주체의 자리를 더 예민하게 사유하게 한다.

주체를 뜻하는 subject의 의미를 짚어보면, 주어, 주제, 주관, 주체, 신민 등 여러 개념이 될 수 있다. 여기서 강조하고 싶은 것은 문학번역의 주체는 AI 기술과 달리, 스스로의 해석에 따라 다르게 구성하고 제작할 수 있는, 즉 스스로 만드는self-fashioning 기술이라는 거다. 각기 다른 방식으로 드러나는 해석들은 그 어떤 다른 예술 형태보다 앞선 문학 언어의 특징이다. 그리고 그 가장 중심에 어려운 시가 있다. 불가능에서 불가능으로 가는 시, 스스로 만드는 기술, 무조건적으로 오는 것을 받드는 행위, 침범을 환영하여 무언가를 만드는 일, 번역은 그래서 가장 시적인 기술이 된다. poiesis의 힘이 불가능을 불가능으로 건너가게 한다.

그 예를 천상병 시인의 시 「귀천」에서 찾아보자. 역자 안선재는 이 시의 제목을 "Back to Heaven"으로 옮겼다. 하늘이 sky도 paradise도 아닌 heaven이 되었다. 여기서 heaven은 탄생과 죽음의 자리를 하나로 묶어준다. 죽음으로써 우리는 태어난 그곳으로 돌아간다는 것. 죽음과 탄생을 잇는 생명의 원리가 번역에서 살아난다. 번역가는 이 작품을 해석하면서 시인이 상상한 세계를 그린다. 번역가는 세상을 떠난 시인을 껴안는다. 아름다운 환대의 순간이다.

이렇듯 번역은 다른 언어, 시간차, 죽음을 넘어 불가능에서 불가능으로 새로운 탄생을 가능하게 한다. 번역된 시를 나누는 공감의 공동체는 떠나온 세계와 다르면서도 같은, 같으면서도 다른 세계를 만든다. 번역이 만드는 공동체와 환대의 자리. 번역의 창조성은 그 '공동commons'의 자리를 만드는 씨앗이다. 그리고 번역의 주체는 그 씨앗을 뿌리는 자다. 느리지만 예리하게, 간절한 기다림 속에서. AI 시절, 문학번역가의 위태한 자리를 다시 생각하는 오늘 나는 '씨 뿌리는 자'를 떠올린다. 씨 뿌리는 자가 풍요로운 땅에만 씨를 뿌리는 것은 아니다. 척박한 땅에도 씨를 뿌린다. 씨를 뿌리면서 그는 가고, 씨앗은 여러 힘의 도움으로 싹을 틔운다. 그 씨가 어떤 나무로 자라날지 정확히 아는 사람은 없다. 그러나 분명 무엇이 될 것이다. 시를 읽고 번역하고 가르치는 내가 갖는 재미와 기쁨, 기대는 '씨 뿌리는 자'의 소명과 닮아 있다.

나는 'ㅋ'을 사랑하는가 보다. 생각하니 그렇다. 문자를 전할 때, 민망함이나 웃음을 전할 때, ㅎ보다 ㅋ을 더 자주 쓴다. ㅋ은 힘이 세다. 그러나 자판 위에서 ㅋ은 힘이 없다. 스페이스바를 누르면 저절로 z로 바뀌어버리기 때문이다. ㅋ을 ㅋ만으로 쓰려면 일부러 다시 돌아와야 한다. 아이 귀찮아, 매번 왜 이런 자동수정 기능이 있는지 궁금해하며 앞으로 되돌아온다. z로 바뀐 걸 다시 ㅋ으로 바꾼다. 이렇게 번거로운 과정을 거쳐서 ㅋ을 기어코 지면에 앉히는 일. 사랑은 귀찮음을 감수하는 일이다.

내가 아는 가장 아름다운 ㅋ은 허수경의 시에 있다. 킥킥. 「혼자 가는 먼 집」에서 당신이 바로 킥킥이다. "당신……, 당신이라는 말 참 좋지요, 그래서 불러봅니다 킥킥거리며"로 시작해서 "당신이라는 말 참 좋지요, 내가 아니라서 끝내 버릴 수 없는, 무를 수 없는 참혹……, 그러나 킥킥 당신"❖으로 끝나는. 여기서 시인은 "치병과 환후는 각각 따

❖ 허수경, 「혼자 가는 먼 집」, 『혼자 가는 먼 집』, 문학과지성사, 1992, 27쪽.

로"라고 했는데, 버릴 수도 무를 수도 없는 참혹으로 킥킥 당신을 부를 때 따로였던 치병과 환후는 다시 합쳐진다. 허수경의 킥킥은 어쩐지 수수하고 그립다. 숙녀라면, 신사라면, 웃지 않을 웃음. 요즘 어디에 신사나 숙녀가 있는지 모른다. 고전적인 개념이로다. 신사나 숙녀가 사라진 곳에 소녀는 남아 있다. 킥킥은 소녀의 웃음이다. 낯설고 난처하고 당혹스러운 숨김 혹은 드러냄. 그래서 나는 '후후'나 '허허'보다는 '킥킥'을 사랑하는가 보다. '후후'나 '허허'가 도달한 어떤 깨달음 혹은 비움을 끝내 갖지 못한, 미련스럽고 그럽고 익숙한, 그래서 버리고 싶은 킥킥.

나는 'ㅋ'을 역시나 사랑하는가 보다. 앤 섹스턴의 시, 「농부의 아내The Farmer's Wife」를 옮길 때 오래 고민한 것이 그 ㅋ의 단어다. 킥킥 아닌 콱. '콱'을 넣을까 말까, 넣을까 말까, 이 센 단어를 어찌할까 고민하던 시간. 시는 미국 대평원지대 일리노이주에서 소박하게 살아가는 한 농부의 결혼 이야기다. 누구나 그러하듯, 오늘이 어제 같고 내일 같은 길고 지루한 결혼 생활을 이어오는 농부의 아내.

still strong in the blowzy bag
of his usual sleep while
her young years bungle past
their same marriage bed
and she wishes him cripple, or poet,

or even lonely, or sometimes,
better, my lover, dead.

늘 그렇고 그런 잠의 너저분한 포대 속에서도
그는 여전히 강한 사람, 하지만
그녀 젊은 날들이 똑같은 결혼
침대에서 자취도 없이 사라져갈 때
그녀는 소망하지, 그가 절름발이거나 시인이기를,
아니면 외로운 이여도 좋고, 가끔 바라건대
더 좋은 건, 내 사랑, 그만 콱 죽어버리길.❖

시가 dead로 끝난다. better와 my lover와 dead 사이엔 엄청난 간극이 있다. 긴 세월이 있다. 그래서 이 부분을 읽을 때는 아주 천천히 읽어야 한다. 독자가 긴장하도록. 아무리 혼인 생활이 지루하기로서는 이런 소망이라니. 당치도 않다면서 속에서 반발하도록. 남자라면, 누군가의 남편으로 살아온 어느 남자라면, 뜨끔하도록.

번역할 때 모호하고 어려운 부분은 또 있다. 마지막에 등장하는 'my lover'다. 3인칭 '그녀'로 농부의 아내를 묘사하며 시를 이어나가다가 시인은 마지막 행에서 my lover라고 누군가를 부르는데, 미국의 어떤 비평가는 이를 농부의 아내

❖ Anne Sexton, 앞의 책, p 19. 국역은 앤 섹스턴, 앞의 책, 28쪽.

가 혼외로 관계 맺은 연인으로 읽는다. 하지만 나는 아무리 곱씹어 읽어봐도 이 시가 혼외 관계를 만들어 이어가는 아내가 한숨 쉬며 돌아보는 결혼 생활인 것 같지는 않다. 바람 난 아내가 애인에게 자기 남편 이야기를 한다? 이렇게? 오, 노. 결단코 아니다. 나는 그 비평가가 앞에 있으면 끝없는 토론이라도 할 양으로 생각한다. 바람은 향기롭고 힘이 세다. 보이지 않아서. 이 시가 실린 첫 시집 *To Bedlam and Part Way Back*은 1960년에 출간되었는데, 그 시절, 농부의 아내가 바람이 났다면 이렇게 자기 혼인 생활을 되돌아보는 시의 끝에서 애인을 부를 것 같지는 않다.

혹시나 싶어 다시 또 처음인 듯 곰곰이 읽어본다. 되풀어 읽는 것은 번역가의 숙명이다. 지금 읽어봐도 내 해석은 여전한 것이, 이건 농부의 아내가 지긋지긋한 남편에게 하는 말이다. 애증이 뒤범벅된 일상을 되풀이할 때만 할 수 있는 말. “어이구 저 웬쑤”라는 어느 시골 아낙의 푸념. 신혼의 단꿈이 지쳐가는 혼인의 침대. 서로의 갈망을 알지 못하는 두 남녀. 알아도 어쩔 수 없는 현실. 마치 소설로 나왔다가 영화화되어 우리에게도 잘 알려진 〈매디슨 카운티의 다리〉에서 일리노이주 시골에서 살아가던 프란체스카가 새로운 삶의 기회를 잡지 않고, 끝내 자신의 집에 머무는 것처럼 말이다.

욕망의 층위가 현저히 다른 두 사람이 한 집에 깃들어 사는 일. 앤 섹스턴이 당대 여성의 삶의 일면을 묘사하면서 보았을, 또 자신이 직접 경험한 혼인 생활의 갈망과 체념이 차례로 드러나는 시. 그래서 번역하면서 가장 신경 쓴 부분 또한 마지막 구절, 그 세 단어다. 거기서 "dead"와 한국어 "그만 콱 죽어버리길"은 표면적인 형식으로 치면 하나는 짧고 하나는 긴 듯, 차이가 난다.

하지만 dead라는 조금은 충격적인 마침을 어떻게든 표현하려면 그냥 '죽은' 정도로는 불가능했다. 그래서 '콱'을 넣어본다. 읽을 때의 숨결을 넣어서. 영어로 된 원래의 시를 읽을 때 느꼈던 짜릿한 긴장이 살아나는 것 같았다. 독자로서의 읽는 실감과 비평가로서의 냉정한 감각을 함께 살린 번역. 축자적인 의미의 충실한 번역은 아닌데, 나로서는 이게 가장 충실한 번역이다. 그래서 창의적인 번역이 되었다.

모든 번역은 해석을 거쳐 나온다. 이렇게 옮기고 나서 이 시를 읽고 충격을 받았다는 몇몇 독자를 만났다. 왜 이리 독하게 옮겼냐고 한다. 반면 혼인 생활의 여러 색깔을 겪은 어떤 독자들은 이 파격이 좋다고 한다. 부부라는 가장 친밀하고도 낯선 관계에서 만들어지는 다른 얼굴, 다른 정의, 차이들. 30년 혼인 생활에 드리운 체념과 갈망의 어지러운 마음. 농부의 아내는 끝내 어찌 되었을까? 애증의 파고를 넘어 이 무덤덤한 남자와 일리노이 시골에서 평생을 살았을까? 아니면 떠났을까? 아니면 혹, 『채식주의자』의 영혜처럼 식물이 되었을까?

Juk 죽

2006년에 출간된 에밀리 앱터의 책 *The Translation Zone*번역 지대은 번역을 둘러싼 여러 전쟁, 특히 문화 전쟁의 양상을 잘 보여준다. 번역과 전쟁을 생각할 때 책에서 읽은 사례 하나가 자주 떠오른다. 통역 실수로 전쟁이 일어나고 잘못된 번역이 역사적 재앙으로 이어진 예. 1945년 7월 미국인들이 일본 총리에게 항복하라는 최후통첩을 보냈다. 이 최후통첩에 대해서 일본 총리는 이렇게 답했다. "모쿠사쓰もくさつ." 그 속내는 '미국과 일본의 지도자가 우리에게 완전 항복을 요구하지만 아직은 그 얘기를 할 때가 아닙니다. 더 생각해보겠습니다'라는 뜻으로, 즉 거론하기 힘들기에 '노코멘트No comment'의 의미로 말을 한 것인데, 이를 미국인 통역자가 "무시하겠다"라고 전했다고 한다. 항복에 대한 명백한 거부 의사로 전달한 것이다. 그 결과 히로시마에 원자폭탄이 떨어지게 되었다고 한다.❖

이 글을 쓰면서 일본어를 전공한 동료 교수님에게 여

❖ 티펜 사모요, 앞의 책, 97쪽.

쩌보니 모쿠사쓰는 묵살默殺한다의 의미로 통역자의 통역과 크게 동떨어진 의미는 아니라고 한다. 묵살의 사전적 의미는 '(남의 행동이나 발언이나 사건 따위를) 이렇다 저렇다 논의하지 않고 전혀 문제 삼지 않음. 뭉개버림, 덮어버림'이다. 가끔 생각한다. 이를 더 부드럽게 전했으면 어땠을까, '노코멘트'라고 했으면 미국은 더 기다렸을까? 히로시마에는 원자폭탄이 떨어지지 않았을까? 일본 문화의 특이성을 너무 잘 보여주는 저 단어. 역사에 가정은 소용없으나 그런 생각을 가끔 한다. 특히나 정치의 영역에서 단어의 질감은 중요하기에 말이다.

에밀리 앱터가 *The Translation Zone*에서 제기하는 문제도 비슷한 함의를 담고 있다. 21세기 미국의 가장 충격적인 사건 중 하나였던 9·11 테러가 미국에 준 질문은 '우리가 아랍 세계를 잘 알고 있는가'였다. 두 문화의 충돌 앞에서 번역 비평가이자 문화 비평가인 저자는 번역학은 문화적 기억을 영속화하거나 소멸시키는 데 가장 적합한 기제가 아닌가 하는 질문을 해왔다고 이야기한다. 발터 벤야민에 따르면, 좋은 번역은 원문의 죽음과 대상 언어로의 미래적 전이 사이의 경계를 뛰어넘음으로써 원문 '이후의 생afterlife'을 가능하게 한다. 죽음과 삶이 거꾸로 맞바뀐다. 번역은 텍스트를 보존하고 또 보급하는 데 필수적인 역할을 하지만, 다른 시각으로 보면 언어 소멸의 원인으로 간주되기도 한다. 소수 언어가 글로벌 영어로 통합되는 현상은 번역 전쟁을 처음부터 기울어진 운동장에서 치르게 한다.

언어 다양성이 위협받는 현재, 기후 위기로 환경이 점점 더 나빠지는 지역에서 동물과 식물의 생존 가능성이 취약해지는 것처럼, 소수 언어도 사멸의 위기에 내몰리고 있다. 미국 캘리포니아에서 한때 아흔여덟 개 정도로 통용되던 북미 원주민 언어 중 마흔다섯 개 이상은 유창하게 구사하는 이가 하나도 없고, 열일곱 개는 한 명에서 다섯 명만 남아 있으며, 나머지 서른여섯 개 언어는 노인들만 사용하고 있다고 한다. 이런 현실은 언어가 갖는 지속적인 활력을 제대로 살리는 번역이 얼마나 힘든 일인지, 아무리 잘 살리더라도 민족적 기억을 보존하고 문화적 기억 상실을 온전히 막기가 얼마나 어려운지를 실감하게 한다. 번역이 전쟁인 이유다.❖

하지만 번역가로서 나는 다시 묻는다. 기울어진 운동장에서 벌어지는 번역 전쟁이기 때문에 오히려 번역은 문화적 · 언어적 다양성의 수호자라고. 번역을 통해서 소수 언어의 특이성이 더 잘 알려질 수도 있다고. 따끈따끈하게 갓 출간된 한강의 『작별하지 않는다』의 영역본 *We Do Not Part*를 읽다가 '죽'이 'porridge'가 아니고 'juk'으로 번역된 것을 보고 기뻤다. 번역 불가능성을 끌고 오는 번역을 택하여 번역 전쟁에서 문화적 다양성을 지켜낸 사례이기 때문이다. 번역

❖ Andrew Dalby, *Language in Danger: The Loss of Linguistic Diversity and the Threat to Our Future*, Columbia University Press, 2003, p 239, Emily S. Apter, *The Translation Zone*, Princeton University Press, 2006에서 재인용.

전쟁을 이야기하면서 언어 전쟁을 생각한다. 우리가 일상에서 치르고 있는 언어 전쟁은 번역 전쟁보다 훨씬 더 강퍅하고 가파른 속도로 우리의 의식을 침범하고 있다. 가령 이런 것이다. 불온한 정치 영역에서 그 의미가 손상되고 침탈된 '자유'라는 말. 매일 상처 입는 '민주'라는 말을 지켜내기 위해 우리가 얼마나 많은 밤을 새웠던가? '어머니부대'의 어머니는 더 이상 우리의 어머니가 아니며, 한때 온갖 권력을 누리던 이가 나는 "아무것도 아닌 사람"이라고 할 때 나는 에밀리 디킨슨이 시에서 힘주어 말하던 "I'm Nobody! Who are you?"의 귀한 공동체가 훼손되는 느낌을 받았다. 우리가 매일 우리 자신과 치러야 하는 생존 전쟁과 함께 가는 번역 전쟁, 언어 전쟁은 우리 각자를 오롯이 지켜내기 위한 싸움이자 안간힘이다. 그를 통해 정의롭고 정확하면서 환대를 구현하는 번역의 평화지대를 꿈꾼다. 번역을 계속하는 이유 중 하나다.

❃

afterlife. 벤야민의 번역론에서 가장 문제적인 단어다. 이 단어를 어떻게 옮길 것인가에 대한 논의가 분분하다. 벤야민은 번역가의 과제가 자신이 번역하는 언어가 목적하고 있는 효과, 즉 어떤 목적성을 발견하는 데 있고, 목적성이 원작의 반향을 만들어낸다고 본다. 이 과정에서 번역은 시인의 원래 작품과 구분된다. 벤야민이 보기에 번역의 목표는 시인의 목표와 다르다. 시인의 의도는 자발적이고 근본적이고 사실적이지만 번역가의 의도는 파생적이고 궁극적이고 관념적이다. 이 차이를 지나 탄생하는 번역 작품은 원작과는 다른 생명을 가진다. 이를 후생이라고 하는데 나는 이걸 '이후의 생'이라고 풀어 말하고 싶다. 번역은 어떤 작품이든 한 번 더 생을 살게 한다. 이후의 생, 이후라는 말, 신비하면서 다정한 단어.

Kind 과

번역은 더 용감해지는 일이었다. 앤 섹스턴을 번역하면서 나는 마녀와 성녀가 한 몸에 함께 살 수 있는지를 고민했다. 그녀의 시 "Her Kind"의 번역을 두고 오래 고민했고 결국 「그런 여자 과」로 옮겼다. 여자도 아닌 여자, 밤에 싸돌아다니는 여자, 홀린 마녀.

I have gone out, a possessed witch,
haunting the black air, braver at night;
dreaming evil, I have done my hitch
over the plain houses, light by light:
lonely thing, twelve-fingered, out of mind.
A woman like that is not a woman, quite.
I have been her kind.

나는 홀린 마녀, 밖으로 싸돌아다녔지,
검은 대기에 출몰하고, 밤엔 더 용감하지.
악마를 꿈꾸며, 나는 평범한 집들

너머로 휙휙 불빛들을 타고 다니지.
외로운 존재, 손가락은 열두 개, 정신 나간,
그런 여자는 여자도 아니겠지, 분명.
나는 그런 여자 과.❖

"시를 잘 읽기 위한 방법이 있을까요?" 학생들이 종종 묻곤 한다. 질문에 대한 답은 늘 간단하고 확고하다. "번역을 해보세요." 그리고 덧붙인다. "번역은 시와 만나는 첫 걸음이고 비평의 최종 단계입니다. 모든 읽기가 시를 번역하는 과정에서 시작되고 완성되니 두 낯선 언어 사이에서 좀 천천히 놀아보세요." 이럴 때 학생들은 말한다. "선생님 MBTI, T지요?"

학생들은 종종 수업에서 같이 시를 읽으면 재밌는데 혼자 읽으면 시가 너무 어렵다고 하소연한다. 하지만 그럴 때도 나는 물러서지 않는다. 혼자 낯섦을 대면하고 견뎌야 한다고. 그 낯섦을 헤집고 차곡차곡 끈기 있게 시를 읽으면, 마치 빵을 조금씩 뜯어서 오물오물 씹어 먹는 것처럼 그렇게 시를 마주하면, 시는 혀가 음미할 수 있는 다양한 맛을 충분히 잘 보여줄 거라고.

시를 잘 읽는 일에 지름길은 없다. 누군가는 이렇게 반문할 것이다. 번역을 해보라는 말은 적어도 두 언어를 모

❖ Anne Sexton, 앞의 책, p 15. 국역은 앤 섹스턴, 앞의 책, 23쪽.

두 안다는 전제 위에서 가능한 것이니 하나의 언어만 아는 독자들은 어떻게 해야 하냐고. 맞는 말이다. 그래서 번역은 시를 대면하는 처음의 낯섦과 시를 충분히 숙고한 뒤에 느낄 수 있는 그 다양한 맛의 지점들을 모두 붙들며 가야 한다.

흔히 번역의 두 기준으로 가독성readability과 충실성faithfulness을 이야기하는데, 시의 낯섦을 완전히 지우고 가독성을 최대한 끌어올려 편안하게 읽히는 번역, 또 원문의 자구적 충실성 앞에서 우리말의 쓰임을 제대로 살리지 못하고 끝까지 꺼끌꺼끌하게 혀에 씹히지 않는 번역은 각각 문제적이다. 앤 섹스턴이라는 미국 시인의 시를 우리말로 옮기면서 우리말만 아는 독자들이 영어로 쓰인 시의 맛을 생생하게 느낄 수 있게 하려고 오래도록 고심한 것은 그런 이유다. '자연스러운 부분은 자연스럽게 낯선 부분은 낯설게'라고 할 때 생경함은 언어적 차이로 발생하는 일이기도 하지만 모든 텍스트에 숨어 있는 어떤 신비한 리듬과도 같다. 그래서 생경함이 완전히 가신 익숙한 텍스트는 독자를 흔들어 깨우지 못한다. 그런 점에서 모든 시는, 우리말로 된 시든, 외국어에서 우리말로 번역된 시든, 혹은 외국어 그대로의 시든, 낯설고 생경한 대상, 천천히 꼭꼭 씹어가며 알아가야 할 만만치 않은 대상이다. 이 만만찮은 대상을 어떻게 만날까, 그 이야기를 하려고 이 글을 시작한 것인데 뜸을 좀 오래 들였다.

그럼 이 이상한 시를 함께 보도록 하자. 제목이 좀 특이하다. 「그런 여자 과」라니, 원래 영어 제목 "Her Kind"를 두고 한참 고심했다. 말 그대로라면 '그녀의her' '유형·종류kind'가 될 것인데, 아무래도 영어에서 느껴지는 자연스러움이 살아나지 않아 고민 끝에 "그런 여자 과"로 옮겼다. 번역을 할 때 우리말 안에서 쓰이는 단어의 빈도를 늘 비교해서 생각한다. 그래서 그냥 '그런 여자' '그런 부류'가 모두 원제목의 의미와 리듬을 충분히 살리지 못한, 불만족스러운 번역이 되는 이유다. '그런 여자'라고 하면 'kind'라는 단어에 내재한 어떤 집합적인 총칭의 의미가 사라지고, '그런 부류'라고 한다면 이 시의 핵심이 되는 여성성을 지우고 마는 결과라서 둘 다 만족스럽지 않다. '그녀의 부류·유형'이라고 하면 우리말이 자연스럽지 않다. 영어에서 'her kind'는 너무 자연스러운데 말이다. 하여 그 어감에 가장 가까운 우리말로 '그런 여자 과'라는 선택지를 택했다. 가족 혹은 친구 사이에서 '너는 우리 과가 아니야' '우리 딸이랑 나는 같은 과야' 이런 식으로 어떤 특징을 뜻하는 총칭으로 쓰는 말이라서. 그래서 '그런 여자 과'라는 말이 가장 오롯이 원시와 잘 통한다고 판단했다.

이 시는 세 개의 연에서 균형 잡힌 7행이 진행되고 마지막 행은 간단히 '나는 그런 여자 과'라는 말을 반복하며 여성의 일탈을 다루고 있다. 결혼한 가정주부인데, 밤에 나돌아 다닌다니, 단순한 춤바람이 난 것 같지는 않고, 길들지 않은 어떤 기질 때문에 돌아다닌다. 시대가 규정한 틀에서 벗어난 여자, 위험하고 방종한 여자다. 1960년대는 완벽한 가정을 만드는 주춧돌로서 가정주부의 이상형이 사회적으로 요청되고 반복적으로 환기되던 시대다. 당시 유행하던 전화기 광고 또한 "This is Your Wife이 사람이 당신의 아내입니다"라는 카피를 내세워 가정에서 여성의 역할을 강조했고, 사회가 부과하는 가정의 천사로서 아내 역할은 하나의 이념이 되고 있었다. 앤 섹스턴은 대중을 대상으로 시 강연이나 시 읽기를 하면 이 시를 늘 맨 먼저 읽곤 했다. 사회가 부과한 어머니상 혹은 틀에 박힌 모성을 과감히 거부하는 여자는 뭔가에 홀린 것처럼 밖으로 싸돌아다닌다. 검은 대기에 "출몰하"는 haunting 홀린 마녀다. 한밤에 더 용감한 여자, 『밤엔 더 용감하지』로 번역 시집의 제목이 된 이 구절은 짧지만 힘 있는 함의를 담고 있다. 즉, 밤에만 용감한 게 아니라는 말. 낮에도 용감하면서 밤에 더 용감해진다는 말. 이걸 최대한 간결하게 살려야 했다. 평범한 집들 너머로 불빛을 타고 나르는 '나'는 영락없는 마녀 이미지로 묘사된다. 외롭고 손가락은 열두 개, 분명히 정상이 아니다. 정신 나간 그런 여자는 당대 사회가 부과하는 여성상과 맞지 않다. 그래서 여자도 아니다. 분명. 이렇게 시인은 사회가 부과하는 여성상과 대비하여 솔직하게 자신을 드러낸다.

그렇다면 집 나가 돌아다니는 홀린 마녀는 밖에서 행복한가. 숲속에서 '나'는 따뜻한 동굴들을 발견한다. 그 동굴에서 하는 일이, 흥미롭게도 집에서 하는 일의 반복이다. 선반에 프라이팬과 포크들을 갖다 두고선 벌레와 요정들에게 저녁을 차려준다. 훌쩍이며 어질러진 걸 치운다. 집에서 늘 하는 반복적인 가사 노동을 밖에서도 계속한다. 시원하게 떨구지 못하는 몸에 밴 습성들, 돌봄 노동, 아마 이 대목에서 모든 여성 독자는, 어머니들은 아내들은 고개를 끄덕일 것이다. 그래 맞아. 어딜 가서도 돌봄에 익숙한 것이 여성의 DNA에 새겨진 운명인가 하고 말이다. "그런 여자는 이해받지 못해"라는 말이 뼈아프게 들리는 건 그 이유다. 밖으로 나가 만난 세상에서도 홀린 마녀는 마음껏 자유를 구가하지 못하며 훌쩍이며 치우는 일을 계속한다. 그 답답함이 오롯이 현실이고 독자는 홀린 마녀가 봉착한 현실적인 딜레마가 밖에서 오는 것만이 아니라 내 안의 세계에서 이미 익숙하게 굳어진 어떤 특성이라는 걸 알고, 소스라치게 놀란다. 캠핑을 가서도 밥을 하고 회사에서 회식을 해도 수저를 놓고 치우고 닦는 여성. 돌봄의 DNA가 뼛속까지 각인된 여성. 홀린 마녀는 홀려서도, 용감하게 밤 외출을 하고서도 그걸 탈피할 수 없는 거다. 자기 시대의 슬픈 현실을 시인은 놓치지 않는다.

마지막 연에서 시인은 다른 한 사람을 홀린 마녀 옆에 등장시킨다. 바로 마부다. '나'는 마부의 수레에 올라탄다. 이 수레는 어디를 향하고 있을까? 집으로 가는 수레인가 죽음으로 가는 수레인가 혹은 더 자유로운 어떤 다른 세계로 가는 수레인가. '나'는 사람들이 사는 동네를 지나며 맨 팔을 흔든다. 마구, 자유롭게, 최후의 환한 길을 배우는 '나'. 바로 다음에 나오는 "생존자여survivor"는 이 시를 우리말로 옮길 때 가장 고심한 부분 중 하나다. 생존자는 누구인가, 문맥상 일차적으로 '내'가 될 수 있을 것이다. 최후의 환한 길을 배우는 '나'는 마차의 불꽃이 내 허벅지를 물어뜯어도 갈비뼈가 부서져도 어쨌든 살아남은 자. 하지만 다른 한편, 이 단어는 그 앞에 "마부driver"와 운을 맞추어 위치한다. 즉, driver/survivor, by/thigh로 행이 엇갈려 끝나면서 driver가 survivor가 될 수도 있다. 평자들 사이에 의견이 분분한 지점이다. 그래서 고심 끝에, "마부여/생존자여"라고 우리말로도 운을 맞추었다. '살아남은 이'도 선택지가 될 수 있으나 결국 죽음으로 끝나는 이 시의 결말과 달라지는 말의 리듬을 고려하여 "생존자여"가 최종 낙점이 된 것.

결국 이 시는, 홀린 마녀로 용감하게 길을 나선 나의 모험이 죽음에 다다르는 과정임을 강하게 환기하며 끝이 난다. 나의 여정을 함께하는 마차를 끄는 사람이 남성인지, 여성인지 시인은 명확하게 이야기해주지 않는다. 신나게 맨 팔을 흔들 수 있지만, 불꽃이 허벅지를 물어뜯고 갈비뼈가 마차의 바퀴에 부서지는 그 여정은 고통스러운 여정이다. 마차에 실어 '나'를 데리고 가는 마부는 '나'를 도와주는 사람일 수도 있지만 내 죽음과 파멸의 동반자이기도 하다. '나'는 이 험한 고투에서 살아남은 생존자이면서 결국 죽을 수밖에 없는 자, 그렇다면 생존자는 '나'를 마차에 태운 사람인가. 그 점에서 마부는 독자인가, 세상인가, 가부장적 체제인가.

시는 그 궁금증을 끝까지 물음으로 남겨둔다. 마지막

에 "죽는 것도 부끄럽지 않아"라는 말은 일탈을 감행한 여성이 사회가 부과한 치욕의 낙인을 받고서도 그 낙인을 부정하지 않는 결연한 다짐과도 같다. 홀린 마녀는 자기 운명을 받아들인다. 충분히 감내한다. 결국 시의 첫 부분에 빗자루를 타고 밤의 마을을 날아다니는 자유로운 마녀는 용감하게 집을 나가서도 결국 상을 차리고 어질러진 걸 정리하는 여자이고, 아이들을 돌보는 대신에 벌레와 요정을 돌보다가 파멸을 맞이한다. 이 시에서 묘사된 "그런 여자 과"는 가부장적인 가치가 팽배한 사회에서는 흔히 말해 집에 들이면 큰일 나는 여자들이다. 가정의 천사가 아니라 가정에 망조를 낼 사람들, 일종의 마녀다. 하지만 우리는 안다. 그녀가 성녀라는 것을.

이 시에 등장하는 '마녀' 이미지는 서구 역사, 특히 미국의 건국사에서 깊은 상흔으로 각인되어 있다. 17세기 매사추세츠주 식민주의 항구도시 세일럼에서 초기 청교도 사회를 다스리는 퓨리턴들puritans이 사회의 이상한 일들을 설명할 도리가 없자 무고한 이들을 마녀로 몰아 죽음에 이르게 한 일이 그것인데, 때로 정적을 제거하기 위해 때로 사회의 모순을 은폐하기 위해 마녀재판은 수많은 사람을 가두고 죽였다. 중세 유럽의 마녀재판이 뒤늦게 문명의 이름으로, 경건한 종교의 탈을 쓰고 재현되어 미국 건국사의 큰 상처로 남아 있으며 이에 대해 가장 예민하게 비판한 작가는 1850년에 *The Scarlet Letter*, 그러니까 『주홍 글자』를 펴낸 너새니

얼 호손이다. 1957년에 와서야 매사추세츠주 정부는 1692년에 이루어진 이 마녀재판에 대해 사과했는데, 매사추세츠 뉴튼에서 자란 앤 섹스턴은 보수적인 가치가 여전히 여성을 왜곡되고 편협한 하나의 상像으로 가두는 그 사회의 문제를 이러한 렌즈를 통해 예민하게 느꼈음이 분명하다. 시인은 "퓨리턴들은 아마 나를 불태웠을 것이다"라고 이야기하는데, 시인은 이 시를 통해 의도적으로 자신을 홀린 마녀로 만들어 사회가 부과한 여성상을 과감하게 비틀면서 마녀이자 성녀인 잔 다르크를 호출한다.

첫 연에서 가정이라는 개인의 영역을 벗어나서 과감히 공적인 공간으로 이동하는 마녀. 자유롭게 출몰하고 악마를 꿈꾸는 마녀의 분방함이 사회에 얼마나 해로운지, 세 번째 연에서 히치하이킹이라도 하듯 남의 마차에 용감하게 올라탄 이 여자는 가정 내 조신한 천사의 운명을 거부한 죄로 결국 파멸을 맞는다. 미국사에서 흥미로운 부분은 20세기 초반, 1930~1940년대에는 사회주의운동 등을 통해 의식적·사상적으로 깨어 있던 여성들이 공부 모임 등 공적 영역에서 지적인 활동과 사교를 이어나갔지만 1950년대를 지나 미국이 보수화되면서 여성은 하나의 완고한 이미지 속에 더 갇히게 된 사실이다. 시인 앨런 긴즈버그Allen Ginsberg, 1926~1997의 어머니가 그러했듯 지적인 여성들은 많은 경우 미친 여자가 된다. 첫 번째 연에서 홀린 마녀에게 드리운 온갖 부정적인 용어들, 검은 대기에 출몰하고, 집들 너머 불빛들을 타고 다니는, 싸돌아다니는 한밤의 외로운 존재. 손가락이 열두 개인 기형, 정신 나간 여자 등의 묘사는 당시 공산주의에 지나친 공포paranoia를 갖고 있던 미국 대중의 심리를 정확히 들여다보고 의도적으로 비튼 부분이기도 하다. 따뜻한 동굴로의 용감한 출행 또한 의도적인 모성 비틀기인 동시에 어쩔 수 없는 모성의 수용이다. 진정한 해방은 불가능한 것인가. 재능 있고 깜찍한 소녀가 하녀, 요리사, 엄마, 가정주부로 자라는 그 과정. 1431년에 불에 타 죽은 프랑스 자유의 상징 잔 다르크, 1920년에는 성인으로 추앙되었고 1928년에는 영화로도 만들어져서 마녀와 성녀 사이를 오간 그 이미지를 이 시는 비스듬히 재현한다. 용감한 자는 결국 그 비범한 용감 때문에 죽게 되는 것이다.

마녀와 성녀. 한 여자 안의 두 존재. 둘은 명확히 구분되지 않는다. 한 몸에 사는 두 존재는 그러므로 그 모순을 껴안고 용감히 나서다 죽음에 이른다. 성공한 중산층 계급의 딸로 태어나 그녀 자신도 성공적인 중산층 주부의 모델이 된 앤 섹스턴은 이처럼 당대 미국 사회에서 여성에게 가해지는 억압적인 시선들을 예민하게 알고, 응시하고, 벗어나고자 했고, 또 이를 완벽히 걷어내지도 못하는 딜레마를 그대로 살며 시를 쓰다가 떠났다. 이 시는 곱씹어 읽을수록 앤 섹스턴의 생애를 그대로 이야기해준다. 이는 21세기 대한민국에도 오롯이 적용되는 여성의 현실이기도 하다. 이 시를 번역하던 때, 코로나19로 갇혀 있는 나날이었다. 원래 일찍 자고 새벽에 일어나는데, 미국에서 혼자 지내며 지붕창 너머로 옆집 여자의 전화 통화 소리를 들으며 지내던 나날, 나는 밤과 낮을 바꾸어 살았다. 밤늦게 책을 읽고 시를 옮기며, 옆집 여자의 전화 소리로 소설을 쓰다가 잠을 설치다 보면 나 자신이 '홀린 마녀'가 되어 밤을 나는 기분이었다. 그러다 늦은 아침을 맞고 아침 밥상을 차렸다. 누군가를 위한 돌봄 노동은 오랜 습속이 빚은 일, 자동으로 이루어진다. 나도 누군가가 차려준 아침 밥상을 받고 싶었다. 그러나 식당도 문을 닫은 나날. 오롯이 나 혼자만을 위한 상 차리기는 큰 재미가 없었다. 젖은 손이 채 마르기 전에 커피 한 잔을 들고 책상으로 달려와 빠른 손놀림으로 한 편씩 시 번역을 마감하면서 나는 앤 섹스턴의 시간을 살았다. 가끔은 거리 시위도 나갔다. 미네소타주에서 조지 플로이드가 백인 경찰의 무릎에 목이 눌려 질식해 죽고 "흑인들 목숨도 중요하다Black Lives Matter" 운동이 격렬해진 때였다. 손수건으로 만든 마스크를 허술하게 쓴 채 버클리 거리에서 색색깔로 나선 시위대 뒤끝을 어슬렁거리다가 돌아오곤 했다. 밤에도 용감했고 낮에도 용감했다.

2024년 겨울 나는 나보다 더 용감한 수많은 이를 보았다. 국회 앞에서 군인이 탄 차를 맨몸으로 막고 선 사람, 완전무장한 군인의 장총을 손으로 막은 사람. 추위 속에서 거리에서 응원봉을 들고 노래를 부르는 다시 만난 우리들. 서로 다른 나이, 언어, 젠더의 차이를 넘어 똑같은 염원을 향해 무너진 일상을 간신히 꿰매던 시간. 지금 와 다시 읽는 이 시는 여전히 살아 있는 고통과 아픔과 환희의 언어다. 나 또한 그런 여자 과니까. 이 시를 읽을 당신 또한 그런 여자 과이거나, 그런 여자 과를 이해하고자 노력하며 함께 살아가는 존재일 것이니.

우리 각자는 이런 나날을, 이런 생을, 이 현실을, 이런 시를 읽으며 버티어나간다. 곱씹어 읽을수록 살아나는 시, 시가 있어 참 좋다고. 시가 있어 힘을 얻는다고. 더 용감해진다고. 번역을 돌아보며 이런 이야기, 들려줄 수 있는 살아 있는 지금의 내가 참 좋다고.

Loss 상실

“저는 번역된 시를 읽지 않아요. 번역된 시는 시가 아니거든요.” 이렇게 말하는 이를 종종 만난다. “시는 번역에서 잃어버리는 것, 그 본질이 사라지는 것.” 이 말을 했다고 ‘전해지는’ 이는 미국의 시인 로버트 프로스트Robert Frost, 1874~1963다. 영시의 리듬을 잘 살려 시를 쓴 시인이다. 프로스트의 시는 소리 내어 낭송할 때 정말 아름답다. 시를 번역할 때 분명 옮길 수 없는 것이 있다. 시인 에즈라 파운드Ezra Pound, 1885~1972가 로고포에이아logopoeia라고 부르는 것. 시의 리듬, 시의 소리, 시의 이미지가 춤을 추는 것. 그래서 자주 번역은 배신, 혹은 반역 행위로 연결된다. 상실, 신실함, 슬픔, 이 모든 것은 번역의 일이다. 그렇다. 번역은 상실이다. 번역은 상실이라는 말이 시 번역의 불가능을 널리 퍼지게 한 어떤 이념이 되었다면, 조지프 브로드스키Joseph Brodsky, 1940~1996가 “시는 번역에서 얻는 것”이라고 응수한 것도 기억할 만하다. 이 말 또한 사실이니 말이다. 단서가 있다. 시가 운 좋게도 좋은 번역가를 만난다면 말이다.

시 번역이 상실에서 출발한다는 것이 뼛속 깊이 각

인된 시 연구자로서 시를 번역하는 일은 이중의 어려움이 있다. 그 상실을, 신실하게, 신실한 슬픔으로 늘 앓기 때문이다. 이 아름다운 한국 시를 영어로 전달할 수 있나? 없다. 아니, 전달해야지. 영어로 읽는 이 아름다운 시의 결을, 이 발랄한 음을 한국어로 온전히 전할 수 없나? 아니, 없지. 어떻게 그게 가능해? 크리스티나 로세티Christina Rossetti, 1830~1894의 첫 시집 『고블린 도깨비 시장Goblin Market』을 번역할 때 그 불가능을 더욱 실감했다. 로세티는, 내가 아는 한 영어의 아름다움을 시로 가장 잘 전달하는 언어의 마술사다. 소리 내어 시를 낭송해보면 그걸 실감할 수 있다. 그런데 이런 소리의 아름다움은 번역에서 지워진다. 그걸 감지하면서 번역을 할 때 슬프다. 번역은 불가능이다. 이 도저한 상실을 건너며 번역한다. 그러나 번역할 때, 잃어버린 바로 그것이 아닌 다른 곳에서 다른 리듬으로 회복을 감행하기도 한다.

One had a cat's face,
One whisk'd a tail,
One tramp'd at a rat's pace,
One crawl'd like a snail,
One like a wombat prowl'd obtuse and furry,
One like a ratel tumbled hurry skurry.
She heard a voice like voice of doves
Cooing all together:

하나는 고양이 얼굴,

하나는 꼬리를 홱홱,

하나는 쥐처럼 우당탕탕

하나는 달팽이처럼 기어가고 있고

하나는 둔한 털복숭이 웜뱃처럼 어슬렁

하나는 오소리처럼 허둥지둥 종종걸음

로라는 다 함께 구구구구 하는

비둘기 같은 음성을 들었어요.❖

때로 예상치 않은 곳에서 한국어로도 아름다운 음이, 완전히 똑같지는 않더라도 다른 층위로 만들어지는 순간이 있다. 신실하게 상실이라는 슬픔을 경유한 시가 다른 언어의 집에서 든든하게 노래를 부를 때 번역가는 행복하다. 여성학자 정희진이 “로세티의 언어는 풍만함으로 미어질 지경이나, 남에게 나눠주거나 할 목적이 없다. 그녀의 시는 무한 확장하는 자기 충족self-fulfillment의 세계다”라고 했을 때,❖❖ 이 “무한 확장하는 자기 충족”의 성격은 시를 번역하는 일에도 적용된다.

그러므로 시는 번역으로 그 본질이 사라지는 것이 아니라, 번역을 통해 새로운 생을 사는 자기 충족의 세계다. 배

❖ 크리스티나 로세티, 『고블린 도깨비 시장』, 정은귀 옮김, 민음사, 2021, 20~21쪽.

❖❖ 위의 책, 뒤표지 정희진의 추천사.

반의 길에 신실함이 깃들 때, 배반 · 반역은 더 이상 상실이 아니라 신실하게 '이후의 생'을 살게 하는 전제 조건이 된다.

신실함은 내가 특별히 좋아하는 단어다. 루이즈 글릭의 열두 번째 시집 *Faithful and Virtuous Night*를 『신실하고 고결한 밤』으로 옮길 때 오래 고민했다. 밤이 faithful 하다는 것은 무엇일까? 한눈팔지 않는 것도 faithful의 미덕이다. 충일한 밤. 신실한 밤? 넘쳐흐르는 의미로는 충일함이 더 나을 것이지만 나는 신실함을 택했는데, 이유는 그게 사라져가는 단어, 사라져가는 미덕이었기 때문이다. '신실하다'라는 단어의 사용이 점점 줄어들면서 우리 사회는 그 가치, 그 미덕 또한 잃어간다. 모든 것을 구체적으로 규정하지만, 아무리 꼼꼼하게 규정해도 빠져나가는 구멍은 있는데, 저마다 객관적인 명징성을 찾아서 더 규정하려고만 든다. 상식적인 합의가 들어설 자리는 더욱 좁아진다.

글릭 또한 변해가는 시절, 사라지는 것들을 많이 알고 그 상실을 몸소 앓았던 시인이다. 말이 사라지면 그 말이 품고 있는 의미도, 가치도 사라진다. 번역을 하고, 걷고, 읽고, 쓰고, 또 먹고, 이야기를 나누며 살아가는 하루의 시간. 어떤 가치를 지키는 자의 힘겨움이 짙게 드리운 그 단어를 어쨌든 구하고 싶었다. 충실, 충일, 충직, 신의, 그 어떤 것과도 살짝 다른 결, 신실함의 가치. 믿음직스럽고 착실하다는 의미의 단어, 신실함은 그렇게 되살아났다. 사람이, 밤이, 신실하려면 무엇이 필요한가. 어지러운 날들에 가끔 묻곤 한다.

Mind 마음

마음이라고 가만히 말해본다. 당신은 마음을 갖고 있는지? 마음은 어떻게 알게 되는지? 마음은 감옥인지, 해방인지. 번역은 마음의 작용인지, 지성의 작용인지, 아니, 그 둘은 같은지 아닌지. 마음에 대해 오래 고민했다. 윌리엄 블레이크에서 글릭에 이르기까지.

In every cry of every Man,
In every Infants cry of fear,
In every voice: in every ban,
The mind-forg'd manacles I hear❖

모든 이의 모든 울음에서,
겁에 질린 모든 아가들의 울음에서
모든 목소리에서, 모든 금지령에서,
마음이 벼려낸 사슬을 나는 듣는다

윌리엄 블레이크의 시에서 마음은 이성의 작용이다.

「런던」에서 블레이크는 런던 시내를 걸으면서 목격하는 온갖 부조리와 고통들, 사회적 억압과 불평등을 이야기한다. 노동자계급, 어린이, 병사, 창녀 등 사회의 낮은 자리에 있던 이들을 통하여 당대 이성 중심의 체제가 만드는 도시 공간이 온갖 규제 속에서 어떻게 병들어가는지를 고발한다. 여기서 가장 핵심적인 구절이 바로 "mind-forg'd manacles"다. 이 세계의 비참 근저에 '이성이 만든 족쇄'가 있다는 얘긴데, 나는 '마음이 벼려낸 사슬'이라는 표현이 가장 마음에 든다.

forge는 프랑스어 forgier에서 온 단어로, 이는 다시 라틴어 fabricāre로 연결된다. 용광로나 제철소를 말하는데, 그래서 동사로 쓸 때는 대장간에서 쇠를 주조하는 의미를 갖는다. '위조하다'의 의미도 있다. 우리말 '벼리다'는 '무딘 연장의 날을 불에 달구어 두드려 날카롭게 만든다'라는 의미가 있으니, 이 단어에 딱이다. 대장간에서 호미를 하나 만든다고 해도 얼마나 여러 번 단련해야만 하는가 말이다. 그래서 '벼리다'는 '마음이나 의지를 가다듬고 단련하여 강하게 한다'라는 의미도 있다.

이성을 최고의 가치로 떠받들며 과학의 발전이 이루어졌고, 당시 런던만 하더라도 산업혁명과 더불어 대영제국을 대표하는 도시로 급격히 팽창하던 시기였다. 그러한 때, 그 도시 공간을 오가는 모든 이의 얼굴에서 울음을 보는 시

❖ William Blake, "London", *The Complete Poems*, Penguin, 2004, p 127.

인은 이 모든 것이 "마음이 벼려낸 사슬"임을, 즉 그 도시의 사람들, 그 울음들이야말로 마음이라는 이성의 작용이 만들고 가둔 문명의 족쇄라는 걸 깨닫는 것이다.

블레이크의 「런던」은 영문학사에 길이 남는 걸작 중의 걸작인데, 그 시에서도 "마음이 벼려낸 사슬"은 시인의 비판적 창조성이 핵심적으로 응축된 구절이라 이후 수많은 후대 시인에게도 영향을 미쳤다. 블레이크가 영국 낭만주의 문학을 여는 시인으로 자주 이야기되는 것은, 이성 중심에서 감성과 정서로 넘어가는 이 시대의 변화를 앞당겨 선취했기 때문이다.

후대의 많은 시인이 블레이크를 좋아했는데, 루이즈 글릭 또한 그중 하나다. 글릭은 어린 시절 블레이크의 『순수와 경험의 노래Songs of Innocence and Experience』에 나오는 시들을 즐겨 암송했다 한다. 그렇다면 블레이크가 비판적으로 바라본 그 마음, 즉 이성의 작용으로서의 마음이 글릭에게는 어떻게 나올까. 1962년부터 2012년까지 글릭의 시집 열한 권을 하나로 엮은 시집에는 'mind'라는 단어가 80번이나 나온다. 글릭에게 퓰리처상의 영광을 안겨준 시집 『야생 붓꽃』에는 이 단어가 네 번 나오는데, 그중 「사월April」이란 시에 이런 대목이 있다.

"그런데 이건 알아두면 좋겠어./ 마음을 가진 두 창조물이/ 더 나은 존재들이길 내가 기대했단 걸." 여기서 "마음을 가진 두 창조물"에 해당하는 대목을 정확히 축자적으로 옮기면 "마음이 부여된who were given minds"의 의미다. 기독교 전통에서 인간은 하느님으로부터 생명을 부여받는다. 이를 우주라고 확장해도 될는지. 뭇 존재들에게 창조주가 4월로 나타나 말을 거는 이 시는 시의 첫 연이, 한 줄로 처리되었다. "*No one's despair is like my despair—*"로 시작하는데, 영어 이탤릭체로 표기된 그 첫 부분을 나는 폰트를 달리해서, 가령 HY 엽서 M이나 함초롬돋움과 같은 조금 독특한 폰트로 표현하고 싶었다. 그런데 편집진은 한글 이탤릭체를 선택해 "*그 누구의 절망도 나의 절망과 같지는 않다—*"라고 표기했는데, 한글과 영어의 이탤릭체 느낌이 확연히 다르기 때문에, 역자로서는 조금 아쉬운 부분이다.

여기서 마음을 가진 두 창조물에게 하느님은 뭔가를 기대하지만, 이 창조물들은 그에 부응하지 않는다. 정원에서 잡초를 뽑는 남자와 지친 듯 옷도 안 갈아입고 머리도 안 감고 일하는 여자 사이엔 드러나지 않는 불화가 은근히 흐른다. 온갖 꽃들이 다채롭게 피어나는 4월에, 각각의 꽃들이 다른 꽃들에게 다른 무늬를 남기며 피어나는 4월에, 기쁨 없이 마주하는 두 존재. 그런 창조물을 바라보는 이의 비탄. 인간의 일을 바라보는 신의 마음이 그러할 것이고, 철없는 자식의 일을 바라보는 나이 든 부모의 마음이 그럴 것이고, 어린 학생들을 바라보는 선생의 마음이 그러하겠지만, 그 관계는 때로 전도되기도 한다. 마음을 가진다는 것은 무얼까? 대체 무얼까?

또 다른 시, 「꽃양귀비Red Poppy」는 조금 더 직접적으로 블레이크적이다. "The great thing/ is not having/ a mind."로 시작하는 시의 첫 부분을 나는 "위대한 것은/ 생각이 있는 게 아니랍니다."로 옮겼다. 여러 차례 고심한 끝의 선택이었다. 처음 나는 '생각' 대신 '마음'이란 단어를 선택했고 여기에 각주를 달아서 블레이크의 영향을 언급했더랬다. 그런데 시에 대한 해석을 많이 달기를 원하지 않는 시인과 저작권사의 요청으로 각주를 다 빼게 되었다. 나는 만세를 불렀다. 홀가분했으니.

하지만 고민은 더 깊어졌다. 각주를 달지 않으면 번역가의 작업은 줄어들 수도 있지만 작품을 명료하게 전달하기 위한 보조 장치가 없어지는 셈이니 이를 어쩐다. 이 시에서 가령 블레이크의 흔적을 분명 느끼지만 그런 설명을 시를 읽는 초입에 할 필요는 없으니 그래, 각주는 달지 않는 것이 좋아. 하지만……. 고민 속에서 번역은 계속되었다. 시인은 바로 다음에 같은 행 안에 "Feelings"를 따로 똑 떼어 말하고 있다.

The great thing
is not having
a mind. Feelings:
oh, I have those; they
govern me.

위대한 것은
생각이 있는 게
아니랍니다. 느낌들:
아, 제게는 느낌이 있어요, 그
느낌들이 저를 다스리지요.❖

느낌은 마음의 작용이지만 이 시에서 mind와 feelings의 대비는 선명하다. 느낌이 중요하다는 이야기. 한 느낌이 아니라 여러 느낌들. 여기서 '위대하다'도 '대단하다'로 바꾸어 말해도 좋을 것인데, 영어 great는 우리말 '위대한'과는 어감이 경우에 따라서 큰 차이가 나기 때문이다. 가령, '위대한 개츠비'로 흔히 번역되는 F. 스콧 피츠제럴드의 소설 *The Great Gatsby*는 '그 대단한 개츠비'라고 번역되는 것도 좋겠다 싶다.

번역에서 단어를 선택할 때 원문 병기 유무에 따라서도 고민의 깊이와 정도가 달라진다. 번역 시집을 낼 때 영어 원문을 병기하는 것과 병기하지 않는 것은 큰 차이가 있다. 원시가 함께 나가면 독자가 원문을 확인하면서 오해의 여지를 줄일 수 있지만 한국어로만 나갈 때는 이야기가 달라진다. 한국어만으로 시의 풍경을 상상하게 하는 부담이 가중되

❖ Louise Glück, *Poems 1962-2012*, Farrar, Straus and Giroux, 2013, p 271. 국역은 루이즈 글릭, 「꽃양귀비」, 『야생 붓꽃』, 정은귀 옮김, 시공사, 2022, 47쪽.

기 때문이다. 이 시도 영어로 된 원시를 모르고 읽는 상태를 감안하여 '느낌들'과 더 도드라지게 대비되는 단어를 선택해야만 했다.

그래서 mind에 대한 번역이 그냥 '마음'이면 아니 되었다. '이성'의 작용에 가까운데, 이성이라고 하며 곧바로 reason이라는 단어가 연상되어 좋은 선택이 아닌 것 같았다. '정신'도 마뜩잖았다. 그래서 블레이크적으로 비판되는 이성적 사유에 해당하는 단어로 '생각'을 골랐다. 우리가 일상에서 흔히 "너는 생각이 너무 많아"라고 할 때의 그 생각. 재고 따지는 이성의 작용, 직관적인 대응이 아닌 것.

꽃은 느낌으로 피어나고 느낌으로 발화되기에, 꽃이 피어나는 과정은 이성적인 사유 작용이 아닌 직관적인 느낌의 흐름 안에서 피어나는 것이라고, 시인은 이 시에서 인간을 이루는 여러 요소들 중에 오랜 역사에서 홀대받아온 감정의 중요성을 강조한다. 오랜 시간, 시시하고 하찮게 여겨진 감정과 느낌의 문제를 앞으로 내세운다.

그런데 다시 생각하면 혹 누군가는 이렇게 물을 수도 있다. 감정과 느낌의 문제는 한국어에서 결국 마음의 문제로 통하지 않는가 하고. 이 단어를 영한사전에 나오는 첫 대응을 골라서 '마음'으로 번역했더라면? 번역에서 일관성은 유지할 수 있을지 몰라도 시의 정확한 의미를 전달할 가능성은 줄어들었을 것이다. 번역은 가능성의 일이니 가능성을 최대한 확장해서 이리저리 가늠해보는 것은 그런 이유다. 이 소소한 고민 속에서 다람쥐 쳇바퀴 돌듯이 반복하는 번역은 망설임의 노동이다.

가끔 농담처럼 시인보다 역자의 고민이 더 깊을 거라고 말하곤 하는데, 이런 걸 염두에 두고 하는 말이다. 충분히 고민했는가, 나는? "마음이 말이 아니다" 혹은 "가가 지 마음이 아니다(그 애가 제정신이 아니다)"란 표현을 엄마에게서 배웠다. 첫 번째 마음은 느낌이자 감정, 오롯이 내 전부인 어떤 호흡이다. "마음이 말이 아니다"는 마음이 산산이 부서진 절망의 순간이다. 두 번째 마음은 맥락에 따라 달라지는데, 어떤 때는 그다움, 어떤 때는 이성의 작용으로서 판단과 생각을 뜻한다. 마음이 마음이 아닌 순간들을 수도 없이 맞고 보낸다. 아직도 고민한다. 그래도 역시 「꽃양귀비」에서의 마음은 생각이고, 시인은 생각에 앞서 느낌들이 있다고, 그걸로 존재를 증명하고자 한다. 심장을 열어서 바로 보여주는 그 뜨거운 느낌의 발화. 그렇게 말하며 살고 있는가, 오늘?

❋

'afraid'를 어떻게 번역하면 좋을까? 'Don't be afraid'는? 이를 옮기는 여러 방식이 가능하다. 열두 가지로 정하고 이야기해볼까?

1. 두려워하지 마.
2. 두려워 마십시오.

3. 염려하지 마십시오.

4. 겁먹지 마.

5. 쫄지 마.

6. 두려워 마세요.

7. 염려 마세요.

8. 걱정하지 마십시오.

9. 걱정 말아요.

10. 걱정 마.

11. 염려 마.

12. 괜찮아.

글릭의 시에 이 구절이 들어간 시가 있다. 『아라라트 산』에 실린 시 「자장가Lullaby」다. 사랑하는 아기, 사랑하는 남편을 떠나보내는 엄마에 대한 시다. "엄마는 한 가지 일에 있어 전문가다:/ 자기가 사랑하는 사람들을 저 세상으로 보내는 것." 글릭의 시가 자주 그러하듯 첫 시작이 파격적이다. 엄마가 아가에게 자장가를 들려줄 때, 아가에게 어떻게 말을 붙일까? 원시에 "*don't be afraid*"는 더욱이 이탤릭체로 강조되어 있다. 고민 끝에 나는 이를 "*괜찮아, 괜찮아*"❖로 옮겼다. 수업에서 이에 대한 질문이 나왔다. 엄마의 심장박동을 듣고

❖ 루이즈 글릭, 「자장가」, 『아라라트 산』, 정은귀 옮김, 시공사, 2023. 24쪽.

있는 아가에게 엄마가 무어라 속삭일까? "*괜찮아, 괜찮아*"라는 말보다 더 든든한 말은 없다. 그리고 이는 한 번이 아니라 두 번 반복되어야 한다. 산 자들이 고요해지도록.

Native 네이티브

번역 불가능한 단어는 없다고 큰소리치지만, 실제로 모든 것은 다 번역이 가능하다고 믿지만, 번역 불가능을 선언하고 과감히 번역하지 않을 것을 선택할 때가 있다. 나타샤 트레스웨이Natasha Trethewey, 1966~의 시집 *Native Guard*를 번역할 때가 그러했다.

옥스퍼드 영어 사전을 찾아보면 네이티브native의 의미는, "Inherent, innate; belonging to or connected with something by nature or natural constitution"로 되어 있다. 이걸 또 옮겨보면, "본질적인, 타고난. 본성 또는 타고난 성질에 의해 무언가에 속하거나 연결된"의 의미다.

그래서 네이티브가 다음 의미로 나오는 것도 놀랍지 않다. "Of a servant, bondsman, etc.; having that status from birth; born in servitude", 즉 "종, 노예의 상태인. 태어날 때부터 그런 상태, 노예로 태어난"의 뜻이 있다. 그러고 보면, 우리 각자는 모두 이 땅, 이 장소, 내가 태어난 곳, 내 가족, 고향, 나의 조국, 나를 낳은 가족의 역사와 국가의 역사 등 모든 것에 서로 매여 있는 네이티브다. 모든 토박이는 그 땅에, 그 역사에 속박되는 이들이다.

네이티브는 또, "Left or remaining in a natural or original state or condition; free from or untouched by art; unadorned, simple, plain"로 "자연 그대로의 상태, 원래의 상태 혹은 조건으로 남아 있는 것. 예술의 영향을 받지 않고 자유로운. 꾸밈없고, 단순한, 소박한"의 의미도 있다.

*Native Guard*를 '토박이 민병대'로 옮기지 않고 그냥 '네이티브 가드'로 옮긴 것은 그 고민을 그대로 실은 선택이었다. 미국의 계관시인이자 2007년 퓰리처상 수상자인 트레스웨이의 기막힌 운명에는 비명에 가신 어머니가 있다. 엄마를 양아버지의 총에 잃은 것. 그때 트레스웨이의 엄마 궨덜린 턴바우의 나이 마흔 살. 어린 날 사진을 보면 너무너무 예쁜 여인이다. 열아홉 살에 맞닥뜨린 그 끔찍한 사건에서 잠시 떠나 있던 딸은 30년의 시간이 흐른 뒤에 엄마 인생의 비극적인 경로를 미국의 비극적인 역사와 함께 겹쳐놓고 본다. 그 결실이 이 시집이다.

미국 남북전쟁 시기에 북부 연방 군대 최초의 공식적인 흑인 병사 부대 이름이 '네이티브 가드'였다. 남부 흑인 노예들은 고향을 떠나 북부로 가서 자유인이 되었다가 다시 고향으로 온다. 고향을 해방시키기 위해. 그런데 해방의 길에 나선 의로운 전투에도 패자는 늘 있다. 죽은 이들이다. 그 땅에서 이름도 묘지도 없이 죽은 흑인 노예 출신 병사들을 가리키는 네이티브 가드. 이를 '흑인 연방 군대'라 하면 가장 정확하겠지만, 그 말은 많은 다른 가능성을 좁혀놓는다. '원주민 연방대'라 한다면 북미 원주민들과 겹쳐져서 오해를 불러온다.

그래서 꾸밈없고 단순하고 소박하게 인간됨의 가장 기본적인 권리를 찾으러 떠났다가 다시 그를 지키기 위해 고향으로 돌아온 이들, 그 고향 땅에서 죽임을 당해 꽃도, 십자가도, 묘지도 없이 묻힌 수많은 사람을 다 아우르는 말로 '네이티브 가드'라 옮겼다. 시인이 비명에 잃은 어머니를 다시 찾아 시를 쓰는 작업 자체가 자신을 짓누르던 트라우마를 대면하는 일이었다. 트라우마에서 살아난 자로, 그 트라우마를 다시 쓴 시인은 결국 글쓰기를 통해 자신을 해방시킨 사람이었기 때문이다.

노예 설화에 따르면—목화 꼬투리 하나마다
　　여러 세대의 유령들이 깃들어 있다:

산더미 같은 포대들의 무게와 일렬로 늘어선
　　그 열들의 길이로 자신의 날들을

재는 사람들, 그들의 땀이 목화에 얼룩져 있고
　　아직도 우리 옷에 꿰매져 있다.

나는 시골 전쟁터로 돌아왔다

거기에서 흑인 군대가 싸우고 전사했다—

허드슨항에서 흑인 병사들의 시체가 부풀어 올라
태양 아래 시커멓게 되었다—묻히지도 못하고

대지의 초록 시트가 그들을 덮어줄 때까지,
어떤 묘비로도 표시가 되지 않았다.

길들도, 빌딩들과 기념비들도 다
남부 연합을 기리기 위해 이름 붙여진 곳,

그 오래된 깃발이 아직도 걸려 있는 곳, 나는 돌아온다
미시시피로, 내 존재를 범죄로 만들어준

주州로—물라토, 혼혈—내 원래의 땅에서
내가 네이티브인데, 이곳에 그들은 나를 묻을 것이다.❖

"트라우마에서 살아남으려면 그것에 관한 이야기를

❖ 나타샤 트레스웨이, 「남부」, 『네이티브 가드』, 정은귀 옮김, 은행나무, 2022, 73~74쪽.

할 수 있어야 한다"❖❖는 시인의 고백은 그러므로, 우리를 속박하고(제한) 있는 것이 곧 우리를 묶어주고(연대) 있는 것이며, 그 속박을 떨치려면 그를 대면하고 그에 대한 글을 써야 한다는 의미다. 그래서 속박의 땅을 떠났던 사람은 그 속박의 땅으로 다시 돌아왔다. 자신의 존재를 범죄로 만들어준 땅으로.

왜 범죄인가? 트레스웨이가 흑백 혼혈로 태어났기 때문이다. 아버지가 백인, 어머니는 흑인, 당시 미시시피주는 인종 간 결혼이 금지되었기에 트레스웨이의 부모는 다른 주로 가서 결혼식을 하고 미시시피주로 돌아왔고, 트레스웨이를 낳을 때도 격리병동에서 낳았다. 당시는 KKK단이 사람들을 마구 죽이고 다니며 집을 불태우던 시절이었다. 사랑으로 만났던 젊은 부부는 딸이 여섯 살일 때 헤어졌다. 열아홉 나이에 엄마를 잃은 트레스웨이는 엄마의 죽음에 대해 오래 죄책감에 시달린다. 자신이 죽지 않았기에 엄마가 죽었다는 죄책감이 시를 쓰는 소명으로 이어진 것은 개인이든 국가든 과거가 어떤 이야기를 통해 의미와 목적을 부여받으면 더는 무의미한 죽음이 아니게 된다는 깨달음 덕분이었다. 이야기를 하고 시를 씀으로써 나를 오래 속박한 과거가 구원의 씨앗이 된다.

네이티브. '토박이'이자 '노예로 태어난 이들'. 우리

❖❖ 나타샤 트레스웨이, 『메모리얼 드라이브』, 반산호 옮김, 은행나무, 2022, 263쪽.

각자는 모두 이 땅의 네이티브, 이 땅에 매여 있는 이들. 그러니, 나, 우리 각자, 우리 모두는 이 땅을 도무지 완전히 외면할 수가 없다. 내가 눈감고 있는 내 안의 모순들처럼 내가 외면하고 있는 이 땅의 슬픔과, 어처구니없는 사건들과 국가의 운명을, 우리 각자는, 함께 앓는다. 꾸밈없이, 속절없이, 그렇게 앓으면서 우리는 알게 된다. 우리 각자가 서로가 서로를 지켜주는 '가드'가 되어야 하리란 것을.

한겨울, 고립된 농민들을 지켜주려고 남태령으로 달려간 우리의 젊은이들도 결국 이 운명을 함께 걷는 네이티브 가드가 아닌가. 그런 것 같다. 지우지 못한 역사의 질곡이, 그 흔적이 깨끗하게 세탁한 우리의 말간 옷에도 어김없이 꿰매져 있음을 직감적으로 알게 된 그 겨울의 이야기. 모두가 네이티브 가드가 되어야 했던 이야기.

This page intentionally left blank.

❋

뉴욕 버펄로에서 맞은 대학원 첫 학기 수업 주제가 'blank'였다. 대개 한두 단락으로 요약되는 강의 소개가 없었다. "This page intentionally left blank." 한 줄만 있었다. 신선했다. 그리고 그 안에 모든 것이 들어가 있었다. 무언가 감당하기 힘든 대상이 앞에 있을 때 나는 의도적으로 나를 비운다. 그리고 이 신선한 한 페이지의 숨, 쉼, 빔을 생각한다. breath, break, blank, 숨, 쉼, 빔은 모두 하나의 단어다.

2연

루이즈 글릭

「나팔꽃」

『야생 붓꽃』

(시공사, 2022)

「노예선」

『맏이』

(시공사, 2022)

윌리엄 칼로스 윌리엄스

「길에 대한 권리」

『꽃의 연약함이 공간을 관통한다』

(민음사, 2021)

이성복

「아, 입이 없는 것들」

『아, 입이 없는 것들』

(문학과지성사, 2003)

Jordan Scott

"blert"

blert

(Coach House Books, 2008)

Li-Young Lee

"Persimmons"

Rose

(BOA Editions, 1986)

Anne Bradstreet

"The Author to Her Book"

The Works of Anne Bradstreet

(Harvard University Press, 1967)

Emily Dickinson

"After great pain, a formal feeling comes—"

"I'm Nobody! Who are you?"

"The earth has many keys."

"A Wounded Deer— leaps highest—"

The Complete Poems of Emily Dickinson

(Little, Brown and Company, 1961)

“저 꽃들은 회음부로 앉아서”. 시의 도입부치고는 참 이상하다. ‘회음부’라는 단어는 시는 물론이고, 일상에서도 말할 필요가 별로 없는 말이다. 병원에서 혹 쓸까. 이런 단어를 시에서는 처음 보았는데, 아마 앞으로도 없지 않을까. 이 시가 실린 『아, 입이 없는 것들』은 나오자마자 좋아한 시집이다. 그 시집이 2004년 대산문학상을 받았다. 나는 단박에 영어로 옮겨야지 하고 마음먹었다. 한창 박사 공부를 하던 때라 번역하는 경로가 쉽지는 않았지만 일단 무조건 나의 외국인 친구들에게 이 좋은 시들을 전하고 싶은 마음이 컸다. 이리저리 궁리를 하다가 2005년 대산문화재단의 한국문학 번역출판 지원사업에 신청했는데, 덜컥 선정이 되었다.

생각해보면 삶의 굽이굽이에선 뜻하지 않게 선물을 많이 받는 때가 있다. 뜻하지 않게 고통이나 어려움이 커지는 때도 있으니, 모두 내 의지와 무관하게 이루어지는 일들이다. 긴 시간 지나 돌아보면 우연과 필연이 엮인 뜻밖의 일들이 많다는 것을 알겠다. 그해 여름, 나는 큰 선물을 두 개 받았으니, 박사논문과 대산문화재단의 번역출판 지원사업이다. 꼼꼼히 질의응답을 주고받는 박사논문 최종 심사를 마치고 귀국 준비를 하던 참에 대산문화재단에서 보낸 이메일을 열어보니 선정 소식이었다. 너무 좋아서 며칠 머리가 아팠다. 귀국하여 다음 겨울에 대구 이성복 시인의 작업실에 찾아가 번역을 두고 이런저런 이야기를 나누던 기억.

단출하고 서늘한, 아무런 장식 없이 검소한 시인의 집필실에는 시인이 산책길에 주워 온 작은 돌멩이가 몇 있었다. 집필실 근처 아주 소박한 식당에 함께 걸어가 점심을 먹었는데, 그때 먹은 '시락국', 된장을 연하게 푼 경상도식 시래깃국은 아직도 혀끝에 감도는 맛으로 남아 있다. 좋아한 시집이니만큼 귀국 1년 차 박사로서 논문을 많이 써야 하는 부담 속에서도 번역을 서둘러 하고, 다음 해 여름엔 미국 버펄로에 다시 가서 시인 김명미Myung Mi Kim, 1957~와 시를 하나하나 꼼꼼히 읽으며 번역을 점검했다.

저 꽃들은 회음부로 앉아서
스치는 잿빛 새의 그림자에도
어두워진다

살아가는 징역의 슬픔으로
가득한 것들

나는 꽃나무 앞으로 조용히 걸어나간다

소금밭을 종종걸음치는 갈매기의 발이
이렇게 따가울 것이다

아, 입이 없는 것들

Those flowers, squatting down with a perineum,
grow darker in the shadow
of a passing ash-colored bird.

Things full
of the sorrow of a living imprisonment.

I walk quietly toward a flowering tree.
The feet of a sea gull hopping across a salt pan
might sting like this.

Ah, mouthless things.❖

❖ 이성복, 『아, 입이 없는 것들』, 문학과지성사, 2003, 63쪽. 영역은 Lee Seong-Bok, *Ah, Mouthless Things*, Translated by Eun-Gwi Chung·Myung Mi Kim·Brother Anthony of Taize, Green Integer, 2017, p 47.

처음 이 시의 첫 행을 그냥 꽃이 활짝 흐드러지게 핀 풍경을 생각하며 'fully blossomed'로 옮겼더랬다. 그러면 영어로 전해지는 의미는 더 즉각적이다. 그런데 영 마음에 걸렸다. 불편함을 그대로 가지고 가야 했다. 불편함을 지우고 두드러진 의미만 살려서 평이하고 매끈하게 만드는 것은, 도저히 내키지 않았다. 그래서 결국 가장 정직하게 가기로 했다.❖

"Those flowers, squatting down with a perineum,". 첫 줄을 읽으며 미국인 친구가 고개를 갸우뚱한다. 참 이상하지. 그러나 그 이상한 조우가 이 시를 시로 만드는 첫 질문이다. 가장 강력하고 불친절한 환대의 방식. 이렇게 나는 또 하나의 국경을 넘고, 또 하나의 국경을 만든다. 누구든 여기 들어오시는 분은 그저 쉬운 통과를 상상하면 아니 될 것이니, 시인이 만든 시의 법에 다른 언어의 옷을 입고도 온전히 포박되기를. 그게 나의 바람이다.

*

❖ 역자가 세 명이나 기입된 것 또한 번역출판 과정의 흥미로운 사연이다. 대산문화재단의 기금을 받아 출간에 이르는 과정에서 원어민 감수자의 역할이 필요해서 버펄로 시학 프로그램(Buffalo Poetics Program)에서 논문 커미티 멤버였던 김명미 선생님을 넣었다. 그러다 출판이 지지부진해졌고 안선재 선생님의 도움을 다시 받아 출간에 이르게 되었는데, 그 과정에서 두 선생님을 존중하는 차원으로 공동번역자로 기입했던 것이다. 네이티브가 아닌 사람이 번역가로 일어서는 과정에도 어떤 통과의례가 필요한 것일까? 함께 시를 이야기할 수 있는 이가 있다면 더 바랄 것이 없겠다. 이런 과정을 거쳐 오롯이 홀로 일어설 수 있게 되는 시간이 배움의 과정이라 생각한다.

> 어떤 예술 작품이나 예술형식을 대할 때 수용자를 고려하는 것이 작품의 인식에 생산적인 것으로 드러나는 법은 결코 없다.❖

벤야민이 이렇게 말했다. 벤야민이 이렇게 말했다. 이 말은 세 번 반복되면 안 된다. 두 번으로 족하다. 두 번이 벤야민에게 바칠 수 있는 경외를 가장 잘 드러낸다. 벤야민은 심지어 여기서 "이상적인 수용자"라고 하더라도 모든 예술 논의에서 해롭다고 말한다. 어떤 예술 작품도 인간의 주의력을 전제로 하지 않기에. 나는 이것을 예술 창작과 그 결과로 나타나는 여러 현상들에 함께 적용하고 싶다. 어떤 위대한 작가도 노벨문학상을 타기 위해서 그걸 전제로 작업하지는 않는다. 생각하는 것은 오로지 만들고자 하는 예술형식 그 자체일 뿐. 누가 어디서 어떻게 이걸 읽을지, 소화할지, 흡수할지 생각하지 않는다. 번역은 어떤가? 번역가로서 나는 벤야민의 말을 늘 염두에 둔다.

루이즈 글릭의 시집 열세 권을 번역할 때도 비슷한 고민을 집요하게 물고 늘어졌다. 시집은 시인과 함께 나이를 먹는다. 그에 따라 우리말 어휘의 수준도 달라져야 한다. 가

❖ Walter Benjamin, "The Task of a Translator", *Illuminations*, Schocken Books, 1968, p 69. 국내 번역본은 발터 벤야민, 『언어 일반과 인간의 언어에 대하여 / 번역자의 과제 외』, 최성만 옮김, 도서출판 길, 2008 참조. 시작하는 문장에서 "결코"의 위치가 마음에 걸려 필자가 옮김.

령 시인이 나이 쉰에 쓴 시집에 "twilight"이란 단어가 나온다면, 이를 어떻게 옮기면 좋을까? 출판사에서는 처음에 독자층을 좀 넓게 잡고 한자어를 쓰지 말 것을 제안했다. 그렇다면 '해 질 무렵'이라고 해야 하나 '저물녘'이라고 해야 할까. 하지만 '황혼'이라는 아름다운 단어도 있다. 가령 박경리의 『토지』를 보면, "공연히 우쭐하다가 황혼에 늦바람날까 두렵네"❖라는 구절이 나온다. 인생이 저물어가는 시점에 대한 시에서 '황혼'보다 더 어울리는 단어는 없다. 여러 시편에서 아직 철이 안 든 아이들을 바라보는 지친 어머니의 목소리가 인간을 바라보는 신의 목소리와 겹쳐질 때, 이를 표현할 단어가 '황혼' 말고 무엇이 있을까, 고민은 이런 과정을 거쳐 어떤 결론으로 수렴되었다.

문학작품을 번역할 때는 원칙이 덜할수록 좋다. 창의성이나 창조력은 원칙과 먼 공간에서 더 잘 만들어지기 때문이다. 가끔은 시집을 예쁘게 만들고자 하는 의욕과도 싸워야 한다. 글릭의 시집 『야생 붓꽃』의 시 「나팔꽃Ipomoea」에서 "flesh"라는 단어를 '살'로 옮겼더니 너무 직접적이라고 '피부'라고 하자는 제안이 처음에 있었다. 그 제안을 두고도 고심했다. 시를 다시 읽어본다. 성경에서 아담이 하와가 자신의 아내가 되는 사실이 너무 좋아서 "이야말로 내 뼈에서 나

❖ 박경리, 『토지—제5부 3권』, 나남, 2002, 32쪽.

온 뼈요 내 살에서 나온 살이로구나!"❖라고 고백하는 대목이 있는데, 시인은 분명 시를 쓰면서 이를 염두에 두었을 것이다. 그러면 더욱 피부로 바꿀 수는 없는 노릇이었다. 첫 시집 『맏이Firstborn』에서 「알The Egg」이라는 독특한 시가 있어 "Fried fresh"라는 구절이 나오는데, (생선) 살을 튀겨서 피시앤칩스를 만드는 장면이 아기를 낙태하는 핏빛 사유와 연결되어 그려진다. 「노예선The Slave Ship」의 "싱싱한 여자의 살이나 피를 원하니까요For fresh woman—/ flesh or blood again"❖❖에선 시인이 의도적으로 fresh/flesh의 첫 음을 맞추었다는 것까지 감안했다. 그래서 한국어로도 싱싱한/살, 이런 식으로 음을 함께 맞추었다.

시를 번역할 때 이런 지점들은 고민스러우면서도 즐거운 마디다. 시는 예쁜 것, 아름다운 리듬으로 생각하는 독자들이 많지만, 그 리듬은 때로 꺼끌꺼끌 퉁명스러운 불협화음으로 빚어지기도 한다. 다른 언어의 옷을 입고도 원래의 단어가 갖고 있는 감각적 구체성을 맥락에 맞게 살리려는 노력은 그래서 다양한 방식으로 이루어진다.

'살'이라는 단어 또한 단순히 신체의 표면을 지칭하는 게 아니라 질감과 부피가 있다. 젊은 날의 혼란, 사랑의 상처, 애증의 문제들이 손목의 주저흔처럼 남아 있는 시들은

❖ 창세기 2:23.

❖❖ 루이즈 글릭, 「노예선」, 『맏이』, 정은귀 옮김, 시공사, 2022, 47쪽.

읽으면 아프고 어지럽다. 시인이 나이 들어 쓴 시집들은 늙음을 아는 사람이 얻는 지혜와 깨달음이 배어 있다. 그 차이를 일정한 연령대의 보편적인 독자층을 상상하면서 인위적으로 조절할 수는 없는 노릇이다.

시를 번역할 때 목표로 하는 독자층을 미리 상정하여 그에 따른 단어의 수준을 가늠하는 것은 될수록 신중해야 한다는 것이 내 판단이다. 어린이 독자를 위한 시집, 혹은 어떤 소설의 축약판을 낸다든가 하는 것은 또 다른 문제다. 번역은 오롯이 번역만으로 끝나는 것이 아니고, 번역과 편집, 출판의 감각이 함께 동원되는 이인삼각二人三脚의 달리기다. 그래서 함께 달리는 편집자의 존재가 귀하다. 처음에 시간이 걸리더라도 서로 다른 의견들을 맞추어나가면, 그 뜸 들인 시간만큼 더 좋은 결과물이 나온다. 차이나 기다림을 선물로 여기는 것이 번역만의 일은 아닐 것이다. 번역의 호흡 또한 세상의 다른 일들과 같이 간다.

❋

기회가 되면 루이즈 글릭과 '살'의 문제로 논문을 하나 써야지 싶다. 글릭은 섭식장애로 죽을 고비를 넘겼고 그 때문에 남들이 한창 대학 다니던 시기에 7년을 정신과 치료를 받으며 싸웠다. 섭식장애는 몸의 문제지만 동시에 마음의 문제에서 비롯되었고, 그 뿌리는 어머니와의 관계에 있었다. 죽은 첫 아이, 맏이, 글릭의 언니를 글릭에게 투사했던 어머니. 엄마에게 사랑을 받으며 두 사람 몫을 살아야 했던 글릭은 살에 지나치게 민감했다 한다. 가족관계 안에서 서로 주고받는 결핍과 고투는 우리를 보이지 않게 묵직이 누른다. 아무리 사랑하는 사람이라도 "이야말로 내 뼈에서 나온 뼈요 내 살에서 나온 살이로구나"를 생각하지 않는 오늘의 관계에서 피부가 아닌 살이라는 육체의 물질성은 내게도 지속적인 화두다.

*

flesh. 살을 만져본다. 보드랍다. 네 손이 왜 이리 자글자글 끓어? 엄마는 가끔 손을 잡으면서 '따뜻하다'라고 하지 않고 이렇게 말씀하신다. 엄마의 생생한 입말이 좋아서 나는 가끔 받아 적어놓곤 한다. 자글자글 끓는다는 것. 살을 만지는 일은 언제든 좋다. 맨살에 닿는다는 것은 그만큼 친근하다는 뜻. 살. 사람이나 동물의 뼈를 싸서 몸을 이루는 부드러운 부분. 살. 조개 또는 게 따위의 껍데기나 다리 속에 든 연한 물질. 살. 과일의 껍질과 씨 사이에 있는 부분. 앞에서 언급한 시, 「나팔꽃」은 이런 물음으로 시작한다. "다른 생에서 내 죄는 무엇이었을까." 이번 생에서 나의 죄는 무엇일까? 슬픔일까? 슬픔이 죄가 될까? 슬픔은 죄의 보속

이 아닐까? 이런 생각 중에 이 시를 만나 슬픔도 죄가 될 수 있다는 것을 알았다. "나는/ 그분의 망토 색깔, 내 살이/ 그의 영광에 형식을 부여합니다."❖ 시로 인해 알게 된다. 슬픔이라는 죄가 힘이 되는 법. 구원이 되는 법, 하루하루 우리가 함께 여미는 슬픔과 기쁨의 합주. 시로 인해 실감하는 경이로움이다.

❋❋

내가 좋아하는 또 다른 시인 로버트 크릴리Robert Creeley, 1926~2005. 『나는 긴장을 기르나 보다』라는 제목으로 곧 출간될 그의 시를 골라서 번역하던 시간을 돌아보니, 황폐한 시절을 시 덕분에 건강하게 견딜 수 있었던 것 같다. 이렇게 시작하는 시를 떠올린다. "탐스러운 단어들이 있다/ 촉촉하고/ 따스한/ 살처럼" 그리고 그 단어는 바로 '사랑'이다. 살을 만지고, 살을 살피고, 서로의 살이 되는 일. 애틋하다. 그게 사랑이다.

❖ 루이즈 글릭, 「나팔꽃」, 『야생붓꽃』, 정은귀 옮김, 시공사, 2022, 76쪽.

Punctuation 마침표

번역의 끝은 어디에 있을까? 번역에 끝은 없다. 늘 새로운 번역이 가능하니까. 어느 한 번역가의 번역 행위가 끝을 맺는 일이라면 현실적으로는 출판이라 할 수 있겠지만 그것도 일시적인 끝일 뿐. 번역이라는 일 자체는 끝이 없는 일이다. 이미 누군가가 했던 번역도 다른 번역이 가능하니, 번역은, 언제나 가능한 일이자 그 가능성이 무한히 열린 일이다.

끝이란 말. 두렵고도 설레는 단어. 제대로 끝을 맺는 헤어짐이 많지 않듯이, 번역 또한 그렇게 끝나는 경우가 많다. 끝인 줄도 모르고 끝을 만나는 일. 후루룩. 한참 후에 돌아보면 그때가 끝이었구나 어렴풋이 알게 되는 일. 내 손에서 떠나간 번역. 못생긴 아이. 애틋한 아이. 그 시간이 허락하는 최선의 어루만짐.

생각나는 시가 하나 있다. 앤 브래드스트리트의 시 "The Author to Her Book" 중 다음 구절을 보자.

Thou ill-form'd offspring of my feeble brain,
Who after birth didst by my side remain,
Till snatched from thence by friends, less wise than true,
Who thee abroad, expos'd to publick view,
Made thee in rags, halting to th' press to trudge,
Where errors were not lessened (all may judg).❖

내 허약한 머리에서 나온 못생긴 아이야,
태어난 후 줄곧 내 곁에 머물렀지만
마음 좋으나 지혜롭지 못한 친구들이 널 채어가
외국으로 데려가 사람들 시선에 노출시켜,
절룩절룩 출판사로 가 네게 누더기를 입혔네,
거기서도 실수는 줄어들지 않았고 (다 알겠지만).

앤 브래드스트리트는 미국 문학을 가르칠 때 맨 처음 이야기하게 되는 시인이다. 미국 최초의 시인이라고 하면 그 이전에 미국 땅에 살던 원주민들의 존재를 지우게 되는 격이라 그 표현이 마땅치 않지만, 영국에서 미국으로 건너온 청교도들 중에서 집필 활동을 한 북미 신세계 초기 가장 유명

❖ Anne Bradstreet, "The Author to Her Book", *The Works of Anne Bradstreet*, Harvard University Press, 1967, p 221.

한 시인이다. 학교를 다니진 않았지만 집에 책이 엄청나게 많았고, 책을 탐독하는 딸 앤을 아버지가 무척 아꼈다고 한다. 혼인 후에는 자녀를 여덟 명 둔 엄마이자 충실한 아내로, 당시 여성들이 그러했듯, 엄청난 가사 노동 속에서도 꾸준히 글을 썼다. 이 시는 영국에서 출간된 자신의 책에 대한 민망함을 노래한다. 모든 저자가 다 이런 마음은 아니겠지만, 이 수많은 책의 홍수에 한 권을 더 보태는 것이 어떤 의미가 있을지 고민할 때면 이 시를 곧잘 떠올리곤 한다.

그러나 내가 쓴 책이든, 내가 번역한 책이든, "못생긴 아이"라고 내내 부끄러워할 수만은 없다. 글쓰기는 지각awareness이 동반되는 활동이다. 그중, 문학번역, 특히 시를 번역하는 일은 가장 적극적으로 지성과 감성이 함께 작동해야 가능한 활동이다. 흔히들 번역을 수동적인 모방 행위라고 생각하지만, 번역은 가장 능동적이고 적극적인 창조 행위다. 무언가에 뛰어드는 일이다.

실수와 실패의 가능성을 늘 안고서 못생긴 자식 하나 만들어내는 일. 누가 읽어줄까, 이 낯선 누더기를……. 그 두려움을 안고서 감행하는 무모한 용기. 그걸 하는 이유는, 시를 사랑하기 때문이다. 영어로 읽는 시. 한국어로 읽는 시. 사랑하면 자꾸 이야기하고 싶어진다. 너무 좋으면 자꾸 주고 싶어진다.

내 손으로 번역한 시집을 새침하게 처음인 양 읽는 아침저녁에도 나는 계속 새롭게 읽고 있다. 새롭게 번역하면서. 되풀이하는 생각. 되풀어 읽는 일. 그러나 살짝 다른 호흡. 한 줄 해석을 하면서 단어 대 단어가 만나는 경우의 수를 있는 대로 꺼내어 모든 가능성을 살피면서 어려운 선택을 한다. 앤 브래드스트리트와 내가 다른 점은, 내 곁에는 마음 좋으나 지혜로운 친구들이 있어서, 때로 잘못 읽은 부분을 함께 고민하게 하고, 내 번역에 편집이라는 예쁜 옷을 입혀준다는 것. 그리고 무엇보다, 계속 곁에 끼고 두면서 끝을 내지 않을 번역의 길에서 끝을 내야 할 시점을 다정하면서도 엄중하게 일러준다는 것. 그래서 다행이라는 것.

사랑이든, 관계든, 출판이든, 그러므로 마침표를 찍어주는 이는 누구나 고맙다. 끝인 줄도 모르고 끝이 난 사랑을 하염없이 끌어안고 있는 우리가 아닌가. 끝난 후에도 계속되는 일. 사랑과 애도, 거기에 나는 번역을 하나 더 얹는다. 어제로도 돌아가고 싶지 않은 내 성정에, 시는, 시의 번역은, 계속 보고 또 보게끔 하니, 시야말로 내게는 끝나지 않는 사랑인가. 끝나지 않는 슬픔인가. 끝나지 않는 기쁨인가.

조던 스콧Jordan Scott, 1978~이 다시 한국을 다녀갔다. 2023년에 이어 2024년, 한강 작가의 노벨문학상 수상 소식을 듣던 날 조던 스콧을 만났더랬다. 캐나다대사관에서 주관한 문학 교류 행사였다. 스콧은 캐나다 브리티시컬럼비아주의 코퀴틀람이 고향인 시인으로 2005년 첫 시집 『유사Silt』에 지리, 기억, 언어에 대한 시적 탐색을 실었다. 이 시집으로 2006년 시인 도로시 라이브세이Dorothy Livesay, 1909~1996의 이름을 딴 '도로시 라이브세이 시상Dorothy Livesay Poetry Prize' 최종 후보에 올랐다. 2018년에는 캐나다 작가 신탁에서 매년 수여하는 시 부문 문학상 '래트너 그리핀 작가 신탁 시상Latner Griffin Writers' Trust Poetry Prize'을 수상했다. 이 상은 캐나다 문학에서 특히 시의 업적을 인정하는 상이다.

2008년 출간된 스콧의 시집 *blert*멍텅구리는 제목도 독특하지만 시적 실험이 도드라진다. 말을 더듬는 사람의 입을 탐험가처럼 더듬어 들어가는 시적 탐색. 소리로 연결되는 연상작용을 통하여 알 수 없고 모호하고 흥미로운 여정으로 독자를 초대한다. blert는 영국의 방언으로 '바보'라는 뜻인데,

여기서는 더듬거린다는 의미로도 읽힌다.

스콧은 언어, 정체성, 장애에 관한 실험적인 접근으로 잘 알려진 시인이다. 그 자신이 말을 더듬었기 때문이다. 실제로 만나본 스콧은 대화에 아무 지장이 없었고, 어린 날의 말더듬는 경험을 극복한 듯 보였다. 통계적으로 전체 인구 중 1~3퍼센트가 말을 더듬는다고 한다. 현재 전 세계적으로 7천만 명 정도라고 하는데, 말을 더듬는 그 장애도 다시 생각할 필요가 있다. 장애를 구분하지 않고, 없는 기능보다 있는 기능을 살려서 공동체 안에서 함께 살게끔 북돋우는 북아메리카 원주민의 사유의 틀에서 본다면 말을 더듬는 사람들은 그렇지 않은 사람들을 대신해서 그 업을 지고 가는 숙명이기도 하다. 인구의 1퍼센트는 어쨌든 그런 조건으로 살아가야 하니까 말이다. 모든 것이 모자람 없이 우수해야 한다는 전제 자체가 얼마나 폭력적이고 불가능한지 되짚어본다. 정상/비정상, 천재/바보, 장애인/비장애인 등 범주를 나누어 소외시켜서는 안 될 이유다.

문학 교류 행사에 온 스콧의 시집 『멍텅구리』를 우리나라 독자들에게 소개하기 위해 시집을 발췌 번역해달라는 요청을 받은 어느 가을, 일정이 무척 빠듯했지만, 큰 고민 없이 수락했다. 그의 시가 갖는 독특한 실험성 때문에 번역이 재미있을 것 같아서였다. 소리의 연상작용으로 만들어지는 시들은 시인 스스로도 읽기에 쉽지 않다고 말한 바 있기에, 그 시들을 우리말로 옮기는 것이 쉽지는 않았다. 하지만 나도 함께 시인의 경험을 따라서 더듬어 읽으면서 우리말로도 말더듬이의 곤경과 말을 더듬는 입에서 나오는 소리의 효과를 최대한 감안하여 생생하게 살리려고 애썼다. 불가능할 것 같은 번역이었으나 해나가면서 시의 역자로서 어떤 다리를 건너는 느낌이어서 성취감과 기쁨이 따라왔다.

스콧에게 시의 언어는 어떤 탐험이요, 말 속의 말이요, 말을 뛰어넘는 말이다. 스콧에게 시의 언어는 논리의 언어 이전에 감각의 언어다. 눈으로도 더듬고 혀로도 더듬더듬 길을 찾는, 그래서 비로소 진실로 육화된 언어로 거듭 태어난다. 멍텅구리, 말더듬이의 시학이 가능한 것은, 새로운 시의 언어를 통하여 우리는 단편적인 언어와 소리로도 몸이 갖는 복잡한 정체성을 잘 표현할 수 있음을 체득하게 되기 때문이다.

시인은 2016년에는 *Night & Ox*밤과 황소를 통해 인간과 동물 사이의 신체적 · 심리적 관계를 탐구한다. 자신의 말더듬기 경험에서 영감을 받은 자전적 이야기를 담은 그림책 『나는 강물처럼 말해요』와 『할머니의 뜰에서』는 우리말로도 번역되어 독자들의 사랑을 받았다.

스콧의 시집 *blert* 시작 부분에 시인은 이렇게 고백한다. "은유에 기생하는 것은 내 존재의 일부다. 따라오는 첫 번째 비유에 나 너무 쉽게 휩쓸려 들어가진 않는지. 휩쓸려 가면서, 나는 돌아오는 어려운 길을 찾아야만 하고, 그렇게 천천히, 나는 나의 입이라는 사실로 되돌아온다."❖ 시인에게 말을 하는 혀와 사물을 보는 눈은 기쁜 감각기관이 아니다. 말을 더듬는 멍텅구리이기 때문이다. 시인은 이렇게 말한다.

> Their thick tongues blort, eyes squeeze grief, a crowd
> of huge unheard answers jam and rejoice—
> *What's wrong?*❖❖

> 그들의 두꺼운 혀가 튀어나오고, 눈은 슬픔을 짜내고,
> 수많은 거대한 들리지 않는 대답들이 꽉 막혀 환호한다—
> 뭐가 잘못되었나?

번역은 바보들의 일이다. 늘 뭐가 잘못되었지? 묻기 때문이다. 하지만 또 이 질문은 우리 모두가 나날이 하는 말 아닌가? 늘 되풀이하는 자기검열, 의심과 회의, 확인, 말하고 싶으나 말하지 못하는 말들. 그러니 외롭지는 않다.

이 부분을 읽으면서 특별히 더 고심하게 되는 부분은 blort라는 단어다. 소리로는 시집 제목 blert를 연상시키는,

❖ Jordan Scott, *blert*, Coach House Books, 2008, p 7. 국내에는 아직 번역되어 나오지 않았고, 교류 행사 당시 일부를 번역한 것이다.

❖❖ 위의 책, p 9.

동시에 blow와 snort의 결합이기도 한. blow는 입으로 분다는 뜻도 있지만, 코를 푸는 의미도 되고, 동시에 날려버리고 폭파하는 의미도 된다. snort는 또 어떠한가, 코를 힝힝거리는 것, 콧방귀, 코웃음이 모두 해당된다. 코로 들이마시는 것까지. 그래서 결국 '튀어나오고'를 선택할 때는 말을 더듬기 때문에, '멍텅구리'라는 놀림을 받는 어린 날의 모습들, 웅성웅성 무언가가 눈으로, 귀로, 들어오지만, 입으로 말을 만들어 뱉어낼 수 없는 그 답답함을 그려보면서 역자는 어린 날의 조던이 된다.

이탤릭체로 구사된 "*What's wrong?*" 이라는 질문은 이 모든 불편한 진실들, 신체가 부딪치는 한계, 슬프지만 그렇다고 슬프지는 않은 그런 현실을 돌아보게 한다. 물으면서 알게 된다. 실은 틀린 게 없고, 잘못된 게 없다고. 이 모든 것, 그대로 다 괜찮다고. 비스듬히 독자의 공감을 끌어내는 질문이다. 작가는 왜 시집의 제목을 소문자로 시작했을까, 대개 첫 글자는 대문자로 쓰는데 말이다. 그만큼 작았던 어린 날의 그를 떠올리는 것 아닐까. '멍텅구리'는 바닷물고기의 이름이기도 하다. 몸이 통통하다고 한다.

시집에서 재미있는 점은, 위에 인용된 이 짧은 세 줄 아래 한참 빈 공간을 둔 다음에 페이지 끝부분에 한 줄을 덧붙이는 것이다. "blort jam rejoice". 모두 앞에 나온 단어들이다. 이걸 "헤로인blort❖이 빼곡히 모여 기뻐한다"로 옮겨 보면 재밌는 효과가 발생한다. 즉, 동사 '튀어나오다'가 명사 '헤로인'이 되는 것. 그리고 jam과 rejoice는 이에 대한 서술의 효과를 만드는 동사로 동원되고.

'blert'를 그냥 '바보'라고 할지, 아니면 좀 더 실감 나게 '멍텅구리'라고 할지 고민하면서 '멍텅구리'를 선택한 것은 어린 날의 다정한 입말에 대한 기억 덕분이다. "아이고, 이 멍텅구리야!" 어리석고 아둔한 바보를 놀리거나 혹은 자신을 자책할 때 우리가 자주 하던 이 말은 참 다정하다. 이 글을 쓰면서 생각하니 그냥 바보라고 해도 좋을 것 같다. "아이고, 이 바보야!"도 다정한 말이기 때문이다.

누가 내게 이 말을 해준다면, 그는 나를 책망하는 이가 아니라 애틋하고 다정하게 생각하는 사람일 것이다. 말은 시절에 따라 다르게 들리고 읽히기에 지금에 와서 가령, 일하는 사무실에서 이런 말을 한다면 자칫 직장 내 괴롭힘으로 신고당할 수도 있겠지만 말이다. 번역이 '사이'의 일이라지만, 무릇 모든 발화, 모든 말이, 모든 언어가, 실은 상대적인 일이다. 상대성의 원리 안에서 사랑과 증오를, 천국과 지옥을 왔다 갔다 하는 것. 그게 우리다. 어쩌면 모두 멍텅구리, 바보들의 일이다. 그러니 말의 무게에 추를 달자. 너무 가벼이 일희일비하지 말자.

❖ 시집의 제목 blert와 유사하게 발음되는 단어로 헤로인을 뜻한다.

Route 경로

『릿터』에 「나의 에밀리」를 연재하면서 즐거운 기억이 많다. 지금도 「나의 에밀리」의 원고를 막 보내고 이 글을 쓴다. 무엇보다 다양한 독자들을 만나게 되었다. 학교에서, 도서관에서, 혹은 다른 자리에서 뜻밖에, 선생님 『릿터』 글 재밌게 읽고 있어요, 수줍게 고백하는 이들을 만난다. 또 하나 흥미로운 부분은, 내 글쓰기가 독자와 만나는 방식에 대한 실험이다. 가장 공들여 쓴 글이 어렵다는 이야기를 듣기도 하고, 힘을 쑥 빼고 이번 글은 너무 평이하지 않았나 하며 보낸 글이 반응이 좋을 때도 있다. 마치, 한 학기 열심히 강의를 했는데, 그 수업은 강의평가가 생각보다 높지 않고 상대적으로 대충 가르친 과목에서 강의평가가 높게 나올 때의 당혹감 같은 것이, 번역을 할 때도 글을 쓸 때도 있다. 하지만 나는 잘 안다. 내 안에서 느껴지는 어떤 만족감은 또 다른 문제라서, 스스로 최선을 다해서 스스로 만족하는 지점, 스스로 평안에 이르는 지점, 그러면 된 거다.

번역을 잘하려면 사전을 열심히 찾아보아야 한다고 말하지만, 사전보다 더 중요한 것이 텍스트의 의미를 최대한 섬세하게 헤아려 아는 것이다. 가령 지금부터 이야기하려고 하는 'contentment'라는 단어를 보자. 이 단어는 흔히 만족감으로 번역이 된다. 그런데, 에밀리 디킨슨의 작품에서 그게 딱 마음에 걸리는 시가 하나 있다. 존슨 편집판 341번 시다. 영어로 먼저 읽어보자.

After great pain, a formal feeling comes—
The Nerves sit ceremonious, like Tombs—
The stiff Heart questions was it He, that bore,
And Yesterday, or Centuries before?

The Feet, mechanical, go round—
Of Ground, or Air, or Ought—
A Wooden way
Regardless grown,
A Quartz contentment, like a stone—

This is the Hour of Lead—
Remembered, if outlived,
As Freezing persons, recollect the Snow—
First— Chill— then Stupor— then the letting go—❖

이 시를 읽은 세월이 길다. 정말 오래 읽었다. 학부 시절부터 시작하면 몇 년인가? 어느 글에선가 스물한 살에 처음 읽었다고 했는데, 다시 생각해보면 그게 또 정확한지도 잘 모르겠다. 읽은 횟수는 그러니, 셀 수 없을 것 같다. 정말 고통스러운 시이고, 정말 좋아하는 시다. 상실과 슬픔, 고통에 대한 가장 뛰어난 절창 중 하나다. 이 시를 다음과 같이 번역해본다.

엄청난 고통 후엔, 형식적인 감정이 찾아와—
신경이 격식 갖추어 앉아 있으니, 무덤 같다—
뻣뻣한 심장이 묻는다, 버텨낸 게 그분이었나요,
또 어제였나요, 아님 수백 년 전이었나요?

발은, 기계적으로, 돌고 또 돈다—
땅이든, 하늘이든, 혹은 그 어디든—
딱딱한 길이
제멋대로 자라나,
석영의 평안에 이르니, 돌덩이 같다—

지금은 납의 시간—
만약 살아남는다면, 기억되겠지,
얼어붙는 사람들처럼, 눈을 떠올려보라—

❖ Emily Dickinson, 앞의 책, p 162.

> 처음엔— 한기— 이어서 혼미— 이윽고 내려놓지

사랑하는 사람이 떠난 후의 시간을 어떻게 견디는가? 대개 받아들일 수 없는 이별은 갑자기 오는 이별이다. 준비되지 않은 때, 갑자기 들이닥치는 죽음, 영별永別이라는 무서운 형벌. 아무리 사랑하고 아끼는 대상이라도 대신해줄 수 없는 몫. 아무리 따라가고 싶어도 따라갈 수 없는 그 길. 떠나고 나면 도무지 받아들일 수 없는 상실의 아픔은 무엇으로 극복되는가? 잃은 후, 떠난 후에, 남은 자는 무엇으로 사는가? 무슨 힘으로 견디는가? 그를 버티게 하는 것은 무엇인가? 이 시에 대해서 『릿터』 39호에 쓴 부분을 그대로 옮겨 본다.

> 큰 고통 뒤에, 엄청난 슬픔 뒤에도, 살다 보면, 살다가, 살다가, 살다 보면, 그런 순간이 온다. 지금은 몰라도, 끝끝내 알지 못하더라도 그런 순간이 끝내는 온다. 나는 아직도 그 고통의 깊이를 모르기에 시인에게 기대어 말한다. 시인이 말하니, 그 믿음에 기대어. 엄청난 고통 후에 무감하게 걷는 먼 길 속에서 석영 같은 어떤 단단하게 여물어진 순간이 온다고.
>
> 그 순간은 희미하게 반짝 스치는 햇살 같기도 하고, 말간 웃음 같기도 한 그런 시간일 터. 그건 기쁨과 고통, 슬픔과 환희가 어우러진 인생의 진리를 알아버리고 더 바랄

것이 없는 허허로운 이의 단단한 맑음일 것이다. '석영의 평안'은 그런 것이다. 만족으로 흔히 번역되는 'contentment'를 평안으로 옮긴 것은 석영처럼 단단하게 반짝이며 동시에 돌덩이처럼 묵직한 그 감정이 지닌 허허로운 담담함을 담기 위해서다. 돌덩이는 또한 비석이기도 하기에, 어쩌면 고통 이후 죽어버린 것 같은 감정이 거기 담겨 있다.

더는 바랄 것도, 더는 잃을 것도 없는 자의, 희망도 절망도 없는 자의 짧은 미소 같은. 그 만족, 그 평안은, 사랑하는 이를 떠나보낸 후에 상처를 어느 정도 여민 자의 느낌이라기보다는 여전히 그 슬픔을 간직하면서 삶이 주는 어느 찰나의 시간을 그대로 만나는 존재의 비의를 지닌 자의 힘이다. 디킨슨 시, 릿터 글, 지안, 평안에 이르렀나? 평안과 만족 사이.❖

결국, 버티게 하는 것은 '시간'이 아닐까. 바람처럼 늘 움직이지만 아무 형체가 없어서 눈에 보이지 않는 시간은, 모든 사람에게 공평하고 아무리 막아도 어김없이 오는 시간은, 사랑하는 사람이 떠난 후에 하루가 천 년 같은 그 막막함 속에서도 어김없이 자기 발길을 뚜벅뚜벅 가는 시간은, 결국은 너에게나 나에게나, 떠난 이에게나 인정사정없이,

❖ 정은귀, 「지금은 납의 시간」, 『릿터』, 39호, 민음사, 65~66쪽.

어김없이, 흐르는 시간은 그 흐름 속에서 도무지 견딜 수 없을 것 같던 아픔을, 쓰린 고통을, 무덤덤하게 만들어놓는다. 결국, 마침내. 눈물로만 지새우던 날들을 지나 결국은 희미하게나마 웃게 만드는 그 시간.

고통 이후의 비현실을 견디게 하는 유일한 위안은 시간이 흐른다는 것이다. 그 흐름 속에서 마침내 무언가가 쓱, 지나고, 그렇게 아프던 기억도 쓱, 희미해지고, 희망도 절망도 분간이 가지 않은 듯 모질게 애통하고 또 아프던 상처를 조금은 무덤덤하게 만들어놓는다. 그때의 그 느낌은 만족감이라기보다는, 자족감은 더더욱 아니고, 그저 평안. 그걸로 족한 것이다.

드라마 〈나의 아저씨〉 마지막 회였나, 지금은 저세상에 있는 이선균 아저씨가 지안으로 분한 아이유에게 묻던 말, "지안, 평안에 이르렀나". 지안은 "네"라고 대답하면서 웃는다. 전쟁 같은 삶을 견디던 그 옛날의 그 헐벗고 외로운 얼굴이 아니라 말끔히 웃는 얼굴. 지나온 것. 상처를 과거형으로 만드는 시간의 힘. 견디고 버티는 것은 그처럼 용감하고 위대한 일이다.

이 시를 읽을 때마다 석영의 단단한 평안이 마음에 자리 잡기를 바란다. 시가 품은 의미의 가능성을 최대치로 끌어올리려 애쓰며 시를 풍성하게 읽으려 노력하는 것. 번역은 그걸 가능하게 한다. 마침내 마음에 드는 단어에 안착하고 나면 개운한 마음이 든다. 드물게 찾아오는 기쁨이다. 시를 읽을수록 더 곱씹어 풍성해지는 의미와 더불어 번역가로 또 연구자로도 행복한 순간, 매우 짧은 이 순간에 도달하기 위해 긴 시간 애를 쓴다.

*

I am Nobody, Who Are You?
Are you—Nobody—Too?
Then there's a pair of us?
Don't tell! they'd advertise—you know!❖

에밀리 디킨슨의 이 호기로운 시를 좋아한다. "나는 아무것도 아닌 사람, 당신은 누군가요?/ 당신도—아무것도 아닌 사람인가요?" 이 시는 "나는 무명인, 당신은 누군가요?/ 당신도—또한—무명인인가요?"로도 번역이 된다. 이 둘 중 뭐가 좋은지, 읽을 때마다 마음이 갈린다. 한자어보다는 될수록 자연스러운 우리말을 많이 쓰려고 하지만, '무명인無名人'이라는 이 단어가 나는 좋다. 그런데, '아무것도 아닌 사람'이라는 겸손함도 좋다. 둘 사이에서 시소처럼 왔다 갔다 한다.

이 시는 루이즈 글릭이 노벨문학상 수상 연설에서

❖ Emily Dickinson, 앞의 책, p 133.

읽은 시다. 노벨문학상을 타고, "나는 아무것도 아닌 사람, 당신은 누군가요?"라고 묻는 시인의 견결함이 참 좋았다. 'nobody'라고 하면 "I want nobody nobody but you. I want nobody nobody but you"를 반복하는 원더걸스의 노래를 떠올리는 이들도 많을 것이다. 에밀리 디킨슨은 왜 그리 스스로 "nobody"가 되고 싶어 했을까.

"얼마나 지겨운지—유명한 사람이—되는 것!How dreary—to be—Somebody!"라고 이어지는 2연의 한탄을 보면, 디킨슨은 유명한 사람이 치러야 하는 유명세의 피로를 아는 사람. 디킨슨의 아버지도, 오빠도 당대 미국에서 최고 교육을 받고 지역 유지로 살았던 'somebody'였다. 아버지 에드워드 디킨슨은 예일대학에서 공부했고 노스햄턴 로스쿨에서 변호사 자격증을 취득한 이후 애머스트에서 법률 사무소를 열었다. 오랜 시간 애머스트대학의 재무를 맡았고, 매사추세츠주 의회 하원에서, 그리고 상원에서도 일했다. 매사추세츠에 철도가 놓이자 이를 마을로 끌어들이는 일을 추진하기도 했다. 디킨슨의 집에는 온갖 유명한 정치가들과 예술가들, 종교 지도자들이 드나들었다 한다. 오빠 윌리엄 오스틴 디킨슨도 하버드대학 법학대학원을 나온 후에 아버지의 법률 사무소에서 아버지와 함께 일했고, 아버지 건강이 나빠진 후로는 애머스트대학의 재무를 맡아보았고 다양한 시민 프로젝트에도 참여했다.

전기에 따르면 아버지는 출장 중에 과로로 뇌졸중

이 와서 호텔에서 세상을 떠났다. 늘 공무로 바빠서 출타 중인 아버지와 오빠, 그리고 병약한 엄마. 결국 집안의 크고 작은 일들을 다 살핀 것은 에밀리 디킨슨이었다. 좋은 가문에서 창문이 여럿이 있는 대저택에서 살았지만 돌봄의 노동에서 멀리 있지 않았던 우리의 시인. 그녀는 유명한 사람의 이름에 따라붙는 여러 겹의 허울 좋은 피로를 이미 알고 있었기에 이렇게 우리에게 속닥속닥 nobody가 되자고 속삭인다. 우리가 nobody인 걸 사람들에게 말하지 말라고, 알아보면 광고를 해댈 것이니. 번잡한 것을 피해서 꼭꼭 숨어서 계속 nobody로 남아 있고 싶었던 시인은 세계에서 가장 유명한 시인이 되어서 이렇게 계속 우리 곁에 살아 이렇게 생생한 말을 건다. 사람은 가고 시가 남았다. 아무것도 아닌 존재가 되고자 했던 그녀의 시가 이렇게 널리 경이로운 언어의 씨앗을 뿌리고 있다.

*

에밀리 디킨슨의 시는 형식과 내용 면에서 모두 층위가 다양하다. 해석이 불가하고 모호성이 짙은 난해한 시들이 많지만 동시에 쉽고 재밌는 시도 많다. 디킨슨의 시를 읽다보면, 한 영혼 안에 천진한 아이가 있고, 세상을 다 산 백발 노인이 함께 있고, 지상을 떠나 떠도는 영혼의 별이 또 함께 있음을 알게 된다. 19세기 애머스트라는 작은 마을에 살던 에밀리 디킨슨이라는 육체는 하나였는데, 그 안에 담긴 영혼의 얼굴은 여럿이다. 그 여럿인 얼굴을 보는 일은 늘 설렌다. 디킨슨의 시를 읽고 또 읽는 이유다. 다음 시를 보자.

To make a prairie it takes a clover and one bee,
One clover, and a bee.
And revery.
The revery alone will do,
If bees are few.❖

이 시를 이렇게도 번역할 수 있고 저렇게도 번역할 수 있다. 처음 이 시를 번역할 때 이렇게 해보았다.

초원을 만들려면 클로버 하나와 꿀벌 한 마리가 필요해.
클로버 하나, 그리고 꿀벌 한 마리.
그리고 꿈.
꿈만으로도 충분해,
꿀벌이 몇 없다면.

이렇게도 가능하다.

❖ Emily Dickinson, 앞의 책, p 710.

대평원을 만들려면 클로버 하나와 벌 한 마리면 돼.

클로버 하나, 그리고 벌 한 마리.

그리고 몽상.

몽상만으로도 충분할 거야,

만약 벌이 몇 없다면.

prairie는 미국이나 캐나다 등 북미 대륙에서 볼 수 있는 너른 초원을 말한다. 나무가 많이 자라지 않고 키 큰 풀로 가득한 평원 지대다. 이걸 그냥 풀밭, 들판, 혹은 초원 정도로 말한다면 대평원의 의미가 축소될 것이다. '클로버 하나와 꿀벌'이라고 했을 때는 소리 내어 읽어 만들어지는 리듬을 생각했다. 그러다 다시 클로버 하나와 벌 한 마리로 바꾸었다. 마지막에 고민한 부분이 revery인데 그냥 꿈이라고 하면 dream이 쉽게 연상되는 반면에 몽상이라고 하면 revery에 내포된 몽상, 백일몽의 의미가 더 잘 살아난다. 옥스퍼드 영어 사전은 그 의미를 "A moment or period of being lost, esp. pleasantly, in one's thoughts; a daydream"이라고 상세히 풀어놓았는데, 번역하자면 '즐겁게 생각에 잠겨 있는 어느 순간이나 일정한 기간의 백일몽'이다. 백일몽은 대낮에 꾸는 꿈, 실현될 수 없는 공상이라는 말인데, 실현 불가능한 것처럼 보이는 꿈만으로도 대평원을 만드는 어마어마한 일을 할 수 있다는 것이다.

번역은 여러 가지 가능한 변수 중에서 가장 좋은 해석

으로 가는 길을 찾는 과정이다. 어떤 번역도 가능하기에, 이 시에 다다르는 많은 길 중 하나를 고른다. 사실 꿈이면 어떻고 몽상이면 어떤가. 하나로 존재하는 원작에 대해서 하나의 답이 아니라 여러 답이 가능한 번역이라는 이 변주variation는 그대로 즐거운 시 읽기로 초대하는 놀이다.

Spectrum 스펙트럼

『릿터』 46호에 실린 글, 「웃음을 잘 살펴야 하는 이유」는 좀 아픈 글이다. “부상당한 사슴이—가장 높이 뛰어”로 시작하는 그 글에서 나는 시인 에밀리 디킨슨이 고통을 그리는 방식에 대해서 썼다. 그 아이를 생각하면서. 늘 웃다가 갑자기 떠난 아이. 늘 씩씩하고 우렁차게 인사하다가 갑자기 떠나버린 아이. 지나고 생각하니, “부상당한 사슴”이었고, “고통받는 바위”였던 아이.

여기서 “부상당한”이라 한 것도, “부상을 입은”이라고 하면 더 자연스럽게 느껴지기도 하지만 시를 읽을 때의 리듬을 고려해서 될수록 짧은 길이로 맞춘 것이다. 시인이 말하는 고통의 절정은 드러나지 않고 숨어버릴 때다. 드러나지 않는 고통의 강렬함, 혹은 웃음으로 위장한 고통의 아픔. 시의 마지막 연은 이렇다.

Mirth is Mail of Anguish,
In which its cautious arm
Lest anybody spy the blood

And, "you're hurt" exclaim![❖]

웃음은 고통의 쇄자갑이라,
그 속에 조심스런 팔이 있어
누군가가 피를 알아차리고는
"다쳤구나" 외치지 않도록!

설명이 좀 길어졌다. 여기서 나는 "Mail"이란 단어에 주목한다. 이 글을 읽는 독자라면 이 단어를 접하고 십중팔구, '우편물'을 생각할 것이다. 지금의 현행 중고등학교 영어 교육에서도 'mail'은 우편물이다. 언어의 일대일 대칭으로만 의미를 외우게 하고, 나머지는 주로 추론해서 답을 맞히도록 유도하는 지금의 평가 방식에서는 시가 포함하는 다양한 함의를 제대로 알 수 있을 만큼 시 읽는 시간을 너그럽게 허락하지 않는다.

에밀리 디킨슨은 시에서 당대의 문화나 역사를 알게 하는 장치를 자주 숨겨두는데, 여기서는 이 단어, '갑옷'을 뜻하는 mail이다. 갑옷도 그냥 갑옷이 아니라 쇄자갑이다. 말하자면, 광화문에 나가서 보는 성웅 이순신 장군의 동상에 재현된 가죽 갑옷이 아니라, 철사를 고리 모양으로 촘촘하게 엮어서 만든 갑으로 찰랑찰랑 묵직하게 드리우면서 몸을

❖ Emily Dickinson, 앞의 책, p 77.

감싸는 쇄자갑을 말한다. 영화에서 가끔 보이는 그런 서양의 옛 갑옷. "웃음은 고통의 쇄자갑이라,/ 그 속에 조심스런 팔이 있어"라고 하는 것과 "웃음은 고통의 갑옷이라,/ 그 속에 조심스런 팔이 있어" 하는 것은 다가오는 느낌과 의미가 확연히 달라진다. 상처 입은 팔에서 배어 나오는 피를 상대가 알아차리지 못하게 하라는 것. 내가 지금 고통받고 있음을 들키지 말라고 안간힘을 쓰는 것. 시인은 끝까지, 고통을 드러내는 것이 쉬운 일이 아님을 말해준다. 여기서 "Mirth"와 "Mail"을 나란히 쓴 것도, 시인 에밀리 디킨슨의 언어 감각을 잘 보여준다. 나 괜찮아, 나 괜찮아. 진정으로 용기 있는 자는, 그렇게 고통을 숨긴다. 아니, 사회는 그렇게 가르친다.

하지만 우리는 안다. 나 힘들어, 나 아파, 하면서 고통을 드러내어 말하는 것도 큰 용기라고. 어쩌면 말하지 않는 것보다 말하는 것이 더 힘든 용기라고. 저마다 자기 고통을 과장하고 자랑하는 얄궂은 시대에 살다 보니, 고통을 말하지 않는 미덕을 알겠다. 하지만 그러다가 고통을 안고 고통을 감추고 고통을 숨기고, 그만 시들어 사그라드는 영혼들이 많다. 나의 제자 시준도 그랬다. 가끔 웃으면 터질 것 같던 잘생긴 그 아이 뽀얀 뺨을 생각하곤 한다. 마음속 열병이 속으로 피다가 그만 안에서 터져버린 그 아이, 웃음이 고통의 쇄자갑이었던 그 아이, 알아주지 못해 미안하다고, 이 글로 하늘나라에 있는 그에게 미안함을 전한다.

*

이번에는 루이즈 글릭의 일곱 번째 시집 『목초지Meadowlands』로 돌아가보자. 목초지. 이 제목을 두고도 정말 고민이 많았다. 이 이름은 지명이기도 하기 때문이다. 뉴저지, 뉴욕의 서쪽에 '미도우랜즈'로 발음되는 도시가 있다. 사전적 의미는 목초지이나, 이 작은 도시는 습지로 유명하다. 뉴욕 근교에는 습지가 많은데, 바다와 닿은 지역의 바다를 간척하여 육지로 만든 곳에 신생 주택가가 있고, 물길이 그 주택가로 군데군데 들어와 있기 때문이다.

2022년 여름방학을 뉴욕에서 보내면서 롱아일랜드와 뉴욕을 통근 기차를 타고 다녔다. 롱아일랜드에선 월트 휘트먼과 루이즈 글릭을 만날 수 있다. 아, 내가 머물고 있던 동네에 개츠비의 작가 F. 스콧 피츠제럴드의 집도 있었다. 휘트먼이 태어나 어린 시절을 보냈던 집에도 가보았고, 글릭이 어린 시절을 보내던 동네도 가보았다. 글릭의 일곱 번째 시집 『목초지』는 1996년 출간되었는데, 페넬로페의 노래로 시작하는 이 시집에는 신화의 세계와 20세기 미국, 일상의 세계가 함께 직조된다. 페넬로페는 고대 그리스 서사시 『오디세이아』에 등장하는 트로이전쟁의 영웅 오디세우스의 아내다. 나는 '영웅'이란 단어를 발음할 때면 늘 이상한 기분이 들곤 한다. 영웅이 뭐지? 우리 엄마가 좋아라 하시는 트로트 가수의 이름인가? 사람들이 영웅이길 기대했다가 실망도 하는 그 사람? 고대 세계에서 영웅은, 끝도 없이 전쟁을 치르면서 살아남는 사람? 그런데 아내의 입장에서 보면 딱하기 그지없는 원망스러운 사람이다. 떠나서 돌아오지 않는 사람이기 때문이다.

이 시집을 번역하면서도 제목을 가지고 고심하는 시간이 길었다. 그냥 '미도우랜즈'라고 하면 어떨까. 뉴욕의 독자들은 단번에 떠올릴, 습지로 유명한 뉴저지의 그 작은 도시를, 다른 이들은 알까? 모른다. 이 시집에서는 글릭 자신의 혼인 생활이 여실히 반영되는데, 젊은 날 한 여자와 한 남자가 사랑이란 이름으로 만나서 행복한 시간, 약 10년의 세월. 페넬로페가 오디세우스를 기다리는 시간. 아내가 남자를 기다리는 시간. 요일을 정해놓고 오늘은 당신이 좋아하는 요리, 내일은 내가 좋아하는 요리, 때로는 신랄하고도 정직한 이야기를 배드민턴을 치듯이 서로 주고받으며 함께 조금씩 낡아가는 일.

그 작은 도시를 구체적으로 제목에 묶어버리면, '목초지'라는 단어로 떠올릴 수 있는 많은 것, 즉 자연과 도시의 경계, 새로운 동네가 만들어지고, 거기 새로운 가족이 깃드는 일, 경계 밖에는 또 짐승의 울음이 있고, 짐승의 뼈다귀가 있고, 다툼 후에 혼자 차를 몰고 나가는 외로움이 있는 그런 시골도 도시도 아닌 동네를 상상하기 어렵다. 시인은 그 시집에서 한때는 다정했던 혼인 생활에 서서히 균열이 생기는 과정을 그리고, 가장 가까운 가족관계 안에서 주고받는 상처를 응시한다.

유학 시절 내가 공부하던 도시에도 목초지가 많았다. 오대호 연안이었기에 뉴욕 근방보다는 더 널찍널찍한 목초지가 많았다. 어느 날의 내가 생생하게 떠오른다. 끊겠다고 약속한 담배를 끊지 못한 남편과 사소한 다툼이 있었고, 나는 집을 나서서 무작정 차를 몰고 나갔다. 버펄로에서 서쪽으로 가면 이리호가 있고, 동쪽으로 계속 가면 로체스터라는 도시가 나온다. 북쪽으로 가면 나이아가라폭포와 온타리오호가 있다. 논문이 막히면 북쪽으로 가서 나이아가라폭포에서 수직으로 떨어지는 물소리를 하염없이 들었다. 그러면 뻥 뚫린 귀처럼 논문의 물꼬도 어느 정도 트이곤 했는데, 그날은 무작정 서쪽으로 차를 몰았다. 가도 가도 끝도 없이 이어지는 들판. 계속 가다가 돌아섰다. 이유는, 배가 너무 고팠던 것이다. 가게도 없고, 가도 가도 목초지만 펼쳐졌다. 집에 들어가니 남편은 내가 밖에 나간 것도 모르고 혼자 무언가를 만드는 일에 몰두하고 있었다. "여보, 어디 갔다 와?" 예나 지금이나 부부 싸움을 불가능하게 만드는 그 웃음을 해맑게 지으며.

글릭의 『목초지』는 가족관계에 고민이 골똘한 이에게 추천하고 싶은 시집이다. 언젠가 부모님이 이혼 직전에 있다면서 무슨 시집을 읽어야 할까요, 고민을 상담하던 학생에게 이 시집을 추천했다. 부서진 가족관계 안에서 어머니도 버릴 수 없었고, 아버지도 버릴 수 없었던 그 아이는 언어에 재능이 참 많았는데, 지금은 손으로 배운 기술로 밥벌이를 하고 있다고 한다. 한 사람으로 살아가는 일, 한 사람이 한 사람을 만나, 한 사람을 낳아 기르며 살아가는 일, 그 모든 기적을 시인은 아슬한 기억으로 되짚는다.

시집의 배경이 되는 도시 '미도우랜즈'는 이곳과 비교하여 말하자면 분당보다는 일산에 더 가까울 것인데, 실은 큰 도시 주변의 어느 작은 도시여도 좋을 것이다. 어느 작은 집이 있고, 들판이 있고, 웃자란 풀 향기가 있고, 가끔 산책길에는 나무 막대기인지 개뼈다귀인지 알지 못할 정체 모를 물건도 만나는, 저녁에는 어김없이 불이 켜지는 집들이 있는 그런 흔하고 흔한 '목초지'라는 곳. 거기 깃들어 살던 이들의 어제와 오늘. 이 시집은 그러므로 '미도우랜즈'가 아니라 '목초지'였어야 하는 것이다.

Treason 반역

번역에 관한 한 아마도 제일 쉽게 떠오르는 단어는 '반역'이지 싶다. "번역은 반역이다"라는 말로 사람들은 번역의 힘겨움을 이야기한다.❖ 이탈리아어 속담 "번역자는 배신자Traduttore, traditore"에서 나온 말로, 번역은 어쩔 수 없이 반역·배신의 운명을 안고 있다는 뜻이 된다.

"시 번역을 어떻게 하나? 번역할 시간에 논문을 써야지. 번역은 예순 넘어서 은퇴할 무렵에 하거라." 나를 많이 아끼는 은사님 중 한 분이 이렇게 말씀하셨다. 박사학위를 받고 막 귀국한 참이었다. 공들여 쓴 박사논문을 내밀어야 하는데, 박사논문보다 나는 이성복 시집 『아, 입이 없는 것들』의 영어 번역 작업에 대한 이야기를 하고 있었다. 나온 후 이듬해 대산문학상을 탄 이 시집의 시들이 나는 너무 좋았다. "저 꽃들은 회음부로 앉아서 스치는 잿빛 새의 그림자에도 어두워진다 살아가는 징역의 슬픔으로 가득한 것들"

❖ 이 문제를 책의 제목으로 내걸어 집중적으로 파고든 책으로 『번역인가 반역인가』(문학수첩, 2007)가 있다. 번역론 자체에 대한 질문이라기보다는 수많은 번역 사례들을 통하여 실제 번역에 도움이 될 내용으로 엮인 책이다.

일부러 행 구분 없이 적어보았다. 예나 지금이나 외우고 있다. 이 아름다운 구절을 모국어로 읽는 건 얼마나 설레는 일인지.

우리 시 영역英譯 작업은 우연히 시작되었다. 박사과정 수업을 듣던 중에 한국의 모더니즘 시에 대해 발표를 해보라는 주문이 주어졌고, 나는 신이 나서 도서관으로 향했다. 미국의 대학도서관들 중에서도 특히 유명한 시 전문 도서관이 우리 학교에 있었기 때문에 거기서 한국 시의 거대한 바다를 만날 수 있을 것 같았다.

하지만 내 기대는 무너졌다. 지금 생각하면, 2000년만 하더라도 한국 시의 영어 번역이 본격화되기 전이다. 케빈 오록이나 안선재 수사님 등, 한국에 정착한 영문학자나 가톨릭 수사님, 혹은 한국을 다녀간 방문 학자들 중에 번역을 하시는 분들이 드물게 있었지만, 시집 출간까지 이어지는 경우는 많지 않았다. 외국의 작은 출판사에서 어렵사리 책이 나와도 영미권 대학도서관에 보급되는 건 더욱 힘든 시절이었다. 아일랜드 태생의 가톨릭 사제로 경희대에서 영문학을 가르치셨던 케빈 오록 선생님은 1960년대 후반부터 한국문학의 영역에 매진하신 분이다. 옛시조와 서정주의 시를 특히 좋아해 번역을 열심히 하셨지만, 출간에 큰 어려움을 겪었다 들었다. 1980년에 김수환 추기경님의 소개로 한국에 오신 안선재 수사님은 가톨릭 시인 구상의 시를 번역해달라는 요청에 처음 번역을 시작하여 50여 권이 넘는 시집을 영어로 번역하셨는데, 2000년 무렵에는 출간이 많지 않았다. 대산문화재단과 한국문학번역원의 번역출판 지원사업이 유의미한 결실로 이어지는 데는 그로부터 15년에서 20여 년이 더 필요했다.

2000년 겨울, 버펄로대학의 로크우드도서관에서 수업 때 발표하기로 약속한 한국 시를 찾지 못한 나는 이상, 김수영, 김지하 등의 시를 직접 번역하여 수업에 소개했다. 때마침 박사 지도교수 번스틴Charles Bernstein, 1950~ 선생님이 시 영역 작업을 좀 본격적으로 해보는 것이 어떨까 격려해주셨기에 논문 작업이 마무리에 접어들 무렵 이성복 시집을 번역하기 시작했다. 도착어 영어를 네이티브로 하는 사람이 아닌데 한영 번역 작업을 할 수 있을지 의구심이 컸으나 미국에서 영어로 써서 발표한 내 시를 읽어주고 들어주는 시인-비평가 친구들이 있었고, 더욱이 대산문화재단의 한국문학 번역출판 지원 대상으로 선정되고 나서는 추동력을 얻을 수 있었다.

그렇게 시작된 번역이 막상 시집 출간으로 이어지는 데는 한참 더 걸렸는데, 번역은 번역이라는 행위의 문제일 뿐만 아니라 출판 자본과 독서 시장이 함께 얽힌 문제이기 때문이다. 그래서 모든 번역은 일정한 시간차를 견뎌야 한다. 지극히 운이 좋은 몇몇 텍스트를 제외하고는. 2005년에 시작해 2007년에 번역을 마친 이성복의 시집은 *Ah, Mouthless Things*로 출간되기까지 12년이 걸렸다. 시는 번역가의 손도 거쳐야 하지만, 도착 언어권 편집자의 눈에도 발견되어야 한다. 그건 쉽게 오지 않는 행운이자 사건이다. 이성복 시집이 너무 오래 걸렸던 데 비해서 심보선 시집과 강은교 시집, 그리고 황인찬 시집을 번역할 때는 미국의 편집자가 아주 빠르게 반응해서 출판까지 큰 무리가 없었다. 이건 흔히 생각하는 시집의 작품성과는 다른 방식으로 움직이는 어떤 에너지이고 인연이다. 그러니 번역가는 번역을 하는 것으로 만족하지 않고 닫힌 문을 계속 두드려야 한다. 문 너머에 무엇이 기다리고 있을지는 아무도 모른다. 반역자는 소리 없이 스러질 수도 있고 새로운 개척자가 될 수도 있다. 번역가의 첫 작품은 작가의 첫 작품만큼이나 어렵게 온다. 스물여덟 번의 거절 끝에 나온 글릭의 첫 시집을 생각해보라. 이런 인내, 이런 기다림. 그러니 번역가의 시간도 새로운 문을 열기 위한 무수한 두드림 속에서 무르익는다.

반역으로서의 번역을 저마다 이야기하지만, 번역은 불가능을 가능으로 바꾸는 통로다. 번역에서 원문과 번역문의 관계는 처음부터 끝까지 뗄 수 없는 운명을 나누지만 또 어떤가? 번역은 다른 땅, 다른 시간에 자유로이 날개를 편다. 번역의 반역은 태생에서부터 온전히 원문과 떨어질 수 없는, 처음부터 혼자일 수 없는 샴쌍둥이의 운명과 흡사하다. 하지만 어느 순간 오롯이 혼자 자유로운 유영이 가능하기에 번역의 반역은 저자에게도 번역가에게도 기꺼운 축복이다. 반역자가 되는 형벌을 감내하는 용기를 지닌 자에게만 오는 축복이다.

시에 대한 가장 큰 오해는 시가 아무것도 하지 못하는 무용한 장르라는 거다. "그 어려운 시를 어떻게 공부하세요?" 얼핏 어려운 시 공부를 하는 데 대한 경외의 말을 담은 이런 대화는 바로 다음, "누가 시를 읽어요?" 혹은 "시로 밥벌이가 되나요?"에 이르면 시가 이 세계에서 얼마나 힘이 없는 문학 형식인지 절감하게 한다. 함민복 시인은 「긍정적인 밥」이라는 시에서 "시 한 편에 삼만 원이면/ 너무 박하다 싶다가도/ 쌀이 두 말인데 생각하면/ 금방 마음이 따뜻한 밥이 되네"라고 이야기한다. 이어지는 연에서 "시집 한 권에 삼천 원이면/ 든 공에 비해 헐하다 싶다가도/ 국밥이 한 그릇인데"❖로 이어지는 걸 보면, 이 시가 나온 1996년에 비해 30년이 가까이 흐른 오늘날 시집 가격도 쌀 한 말 가격도 국밥 한 그릇 가격도 많이 바뀌었다.

요즘은 시집 한 권이 1만 2천 원 정도 한다. 전자책은 8천 원 정도. 신기하게도 예나 지금이나 국밥 한 그릇 가격

❖ 함민복, 「긍정적인 밥」, 『모든 경계에는 꽃이 핀다』, 창비, 1996, 94쪽.

과 비슷하다. 쌀 소비량이 줄어든 시절이고 보니 시집 가격을 이야기할 때, 나는 종종 커피와 비교하는데, 좀 고급스러운 브랜드의 커피 두 잔이면 시집 한 권이다. 누가 시를 읽는가 하는 질문은 어느 한 나라만의 문제가 아니어서 『누가 시를 읽는가Who Reads Poetry』라는 제목의 책도 나왔다.

짧은 에세이 형식으로 저자들의 직업군이 의사, 교수, 정치인, 언론인, 정치인 등 다양하다. 시를 쓸모없는 언어 형식으로 치부하는 것은 미국이 더 심할지 모르겠다. 이 책의 한 장으로, 만화가 닐슨이 그린 주인공이 묻는다. "시가 대체 뭐야?" 단순히 시의 정의를 묻는 질문이 아니라 예나 지금이나 무수히 반복된 시의 효용을 묻는 질문이다. 저자는 "양상추, 티타늄, 간 소시지가 아니라"고 하면서 일상의 여러 품목들 "애플소스, 천장 선풍기, 쓰레기 수거장" 등을 나열한다. 마침내 도달한 결론, 연방정부 회계감사관도 이 주제에 관심을 보였다고 하면서 약간 우스갯소리로 끝나는 마지막 한마디. "태우면 따뜻하잖아"란 말로 끝난다.❖

'태우다'는 여러 의미가 있다. 물론 이 대목에서 태우는 것은 불을 붙이는 것, 영어로 burn이지만, 앞에 어떤 단어가 오는가에 따라 '태우다'의 의미도 달라진다. 무동을 태우는 것은 마음이 따뜻해지는 단어이고, 애를 태우거나 속을

❖ Anders Nielsen, "Poetry Is Useless", *Who Reads Poetry*, University of Chicago Press, 2017, p 113 참조.

태우는 것은 정말이지 하고 싶지 않은, 내키지 않은 단어다. 병원 등 특정 집단에서 직급이나 서열에 따라서 따돌리는 폐습, 직장 내 괴롭힘의 하나로 태움도 많은 이의 의식에 각인된 단어다. 불쏘시개로 태운다는 것. 태우면 따뜻해지는 시. 시는 타면서 따뜻하게 우리를 데우는 정신의 불쏘시개다. 나무와 시의 차이는, 나무가 다 타버린 자리에는 재가 남는데 시는 사라지지 않고 계속 남아 있다. 언어라서 사라지지 않는 것이다. 언어라서 시공간을 가로질러 살아남는다.

시가 품은 아름다움과 추함, 기쁨과 불안, 두려움, 홀로 있음과 함께 있음의 감각을 함께 나눌 때, 시는 추위와 불안, 두려움을 넘어 견딜 수 있는 힘을 준다. 태우면 따뜻한 시. 잘근잘근 씹어 의미를 소화하면서 한 걸음씩 나가는 번역 작업도 시를 마음껏 태우는 일이다. 그래, 시도 번역도 없어도 된다. 없어도 사는 데 큰 문제는 없다. 하지만 있으면 따뜻하다. 있으면 힘이 난다. 그러니 마음껏 만들어 태우고 볼 일이다. 나누어 갖기 참 좋은 장작으로. 무용한 시의 유용함은 이처럼 나누어 읽는 힘에서 나온다. 시의 언어는 반복을 남루하지 않게 만든다. 우리가 세심히 보지 않아서 모르는 어떤 새로움이 시의 언어에 깃들어 있다. 시를 번역하는 일은 그 새로움을 전하는 일, 시의 온기를 나누는 일이다. 기쁘지 아니한가.

인간이 되어가는 슬픔

_신해욱, 「끝나지 않는 것에 대한 생각」

애인을 어떻게 옮기지? lover, love? "내가 일하고 있는 곳으로 애인이 찾아왔다. 참 좋았다." 글쓰기 시간에 그 아이는 이렇게 적었다. 아르바이트가 끝나고 둘이서 무언가를 맛있게 먹었다고 했는데, 그게 무엇이었는지는 기억나지 않는다. 이전 학기에 내 수업을 들었던 아이, 아니 청년이다. 조별 활동을 그렇게 재미있게 하더니, 학기가 끝날 무렵에는 그 조의 명민한 학생과 캠퍼스 커플이 되어 있었다. 그 아이가 그 애인일까? 그사이 바뀌진 않았겠지? 궁금해서, 쉬는 시간에 살짝 물어보았다. "둘이 잘 지내고 있지?" "네." "너희 세대는 '애인'이라는 말을 잘 안 쓰지 않아? 나한테 애인은 이은미의 노래 〈애인 있어요〉의 애인인데 말야." 쉬는 시간에 선생으로 건네기엔 좀 우스꽝스러운 질문에 그 아이가 웃으며 답한다. 웃음이 싱그러운 아이다. "선생님, 여친이나 남친이라는 말은 젠더가 명시되어서 요즘 잘 안 쓰려고요.

그냥 애인이라고 해요." "그래? 그렇구나. 애인이 되기 전의 친구는 뭐라고 불러?" "그건 그냥 친구요." "그래, 좋네." "일상의 말에서도 젠더 감각이 중요하다고 선생님이 가르쳐 주셨잖아요." "그래 그랬지. 야무지게도 실천하네. 고맙다."

'애인'에서 시작한 얘기가 젠더에서 끝났다. 번역에서도 젠더는 중요하다. 젠더는 무엇일까? "Gender Week Poetry Reading". 유학 시절, 시 프로그램이 탄탄한 버펄로 대학에서는 매년 이런 시 읽기 행사를 열었다. 김명미 선생님, 시인 하우Susan Howe, 1937~와 함께 시를 읽었다. 어느 해는, 시를 읽고 들어오니 맨 뒤에 앉아 있는 어느 어르신, 여든은 족히 넘어 보이는 어른이 말을 걸어왔다. 학교 안팎에서 열리는 시 읽기에 되도록 참가하고 있는데, 내 시가 좋다고 한다. 은퇴한 후에 이렇게 시 읽기 행사에 참여하는 게 낙이라고 한다. 그는 내 이름을 이렇게 읽는 게 맞는지, 발음을 여러 차례 물었다. 내 이름은 미국인들이 어지간하면 금방 발음하지 못한다. '은Eun'도 어렵고 '귀Gwi'도 어렵고 '정Chung'도 어렵다. 천천히 짚어 읽어드리니 아주 반가워하신다. 시 쓰기를 어디서 배웠냐고 물어보셔서 월트 휘트먼과 에밀리 디킨슨과 로버트 크릴리와, 차학경Thresa Hak Kyung Cha, 1951~1982과 내가 좋아하는 시인들에게서 배웠다고 말씀드리니 그분은 잘 늙은 노인이 갖고 있는 특유의 너그러운 웃음을 웃으신다. 그해 나는 무슨 시를 읽었더라?

그때 친구들과 나눈 이야기. "젠더가 뭐야? 이건 뭐

라고 번역해야 하지?" "남자는 젠더가 아니야. 젠더는 여자야. 그래서 여성 시인들만 부른 거야." 이런 대화들은 지금 생각해도 날렵하고 신난다. 이제는 남성도 여성도 아닌 이름붙일 수 없는 성까지 포용하는 화장실까지 마련된 그곳에서 젠더 주간 시 읽기 행사는 계속되고 있을까? 요즘은 누굴 부를까?

다시, 번역에서 젠더는 중요하다. 그렇다면 젠더는 무엇인가? 시 읽기 행사의 젠더는 여성이지만, 번역에서 젠더는 목소리다. 문화적 환경에 따라서 다양한 방식으로 구축되는 젠더. 1980년대 이후 번역학에서도 중요한 논제가 된 젠더는 이제 번역 이론 시간에도 따로 가르치는 주제가 되었다. 번역을 한 언어에서 다른 언어로 넘어가는 이동이라 할 때, 단순히 말을 옮기는 기술이 아니라 번역은 역자의 의식의 층위까지 드러내는 비평적 읽기다.

번역에서 젠더가 중요한 이유는 목소리를 어떻게 옮기는가에 따라서 다른 문체가 나오기 때문이다. 번역가는 대상 텍스트의 최초이자 최후의 독자이기에 번역가에 따라, 역자의 젠더 감수성에 따라 번역의 문체는 다른 결로 드러난다. 같은 번역가라 해도 시의 목소리에 대한 해석이 다르면 다른 문체가 나온다. 그러니 다른 번역가에게서 다른 번역이 나오는 것은 당연하다. 한국문학번역원 번역아카데미에서 진행한 강의 〈번역 실습〉을 예로 들면, 수업에서 하나의 텍스트를 가지고 번역을 해도 모두 다른 문체가 만들어진다.

여덟 명의 학생이 있으면 여덟 명의 다른 목소리가, 네 명이 있으면 네 명의 다른 목소리, 다른 문체가 나온다. 같은 번역은 하나도 없다. 같은 목소리가 하나 없듯이.

목소리는 주체의 문제다. 번역가의 해석이 번역의 주체를 말해준다. 우리는 그 차이를 옳고 그름의 관점에서 보는 것이 아니라 그러데이션, 즉 단계적 차이로 읽어낸다. 그 차이들이 작품을 풍성하고 깊게 보게 한다. 작품을 확장하는 가능성으로서 번역의 주체는 단순히 인간 대 AI의 대결로 단순화할 수 없다. 시 번역은 흑과 백이 만드는 집의 넓이를 확장하여 승부를 가리는 바둑이 아니기 때문이다.

번역의 젠더는 번역가가 번역 텍스트를 고르는 일과도 연결된다. 어떤 번역가는 여성 작가만 번역한다는 이도 있는데, 나는 그런 제한은 두지 않는 편이다. 한국 시를 영어로 옮기는 한영 번역을 할 때 내가 인연이 닿은 시인들은 남성, 여성이 골고루 있다. 맨 처음 영어로 옮긴 시는 이성복 시인의 『아, 입이 없는 것들』이지만, 출간되어 나오기로는 심보선 시인의 『슬픔이 없는 십오 초』를 옮긴 *Fifteen Seconds Without Sorrow*가 먼저였다. 번역을 시작하는 것과 끝마치는 것, 그리고 그 번역이 책으로 출간되어 나오는 것은 완전히 다른 이야기여서 심보선 시인의 첫 시집은 번역에서 출간까지 2년이 걸렸고, 큰 우여곡절은 없었다. 2017년에 *Ah, Mouthless Things*로 출간된 이성복 시인의 시집은 'Green Integer'라는 출판사에서 나왔는데, 편집을 맡은 더글러스는

20세기 미국 시사詩史에서 공이 큰 편집자다. 거트루드 스타인Gertrude Stein, 1874~1946 시집을 비롯하여 미국 현대를 관통하는 실험 시들이 더글러스의 눈과 손을 거쳤다.

그다음에 강은교 시인의 『바리연가집』이 *Bari's Love Song*이라는 제목으로 나왔고, 황인찬 시인의 『구관조 씻기기』가 *Washing a Myna*로 2024년 여름에 출간되었다. 매 시집이 나올 때마다 번역과 편집에 얽힌 이야기도 많은데, 황인찬 시인의 시집 출간을 앞두고 마지막 교정을 볼 때 나는 핀란드의 요안수라는 작은 도시에 있었다. 하여 *Washing a Myna*의 깔끔한 표지를 보면 핀란드의 백야의 밤이 생각난다.

나의 경우엔 저자의 성별을 꼭 따지지는 않는다. 글릭의 시집 중에는 남성 예술가의 목소리를 입은 시집도 있고, 중성적인 목소리를 애써 유지하는 시집도 많다. 이성복의 시집 속 목소리들도 시에 따라 달라진다. 최정례 시인이 병상에 있을 때, 시집을 꼭 번역하겠노라는 약속을 지키기 위해 서둘러 번역한 『캥거루는 캥거루고 나는 나인데』와 이장욱 시인의 『영원이 아니라서 가능한』 등, 출간을 기다리는 다른 시집들도 시인의 성별이 크게 중요한 문제는 아니었다. 말하자면 내게는 그랬다.

영시에서 한국어로 옮긴 첫 시집은 앤 섹스턴의 『밤엔 더 용감하지』다. 학교에서 굵직한 국책사업을 맡아 큰 보람 없는 보직을 담당하느라 번역이 약속보다 한참 늦어졌다. 그 뒤로 크리스티나 로세티의 『고블린 도깨비 시장』, 그리고 윌리엄 칼로스 윌리엄스의 시선집들이 『꽃의 연약함이 공간을 관통한다』 그리고 『패터슨』으로 나왔다. 로세티도 처음에 선집으로 내자고 했지만 워낙 시도 많거니와, 아름답고 발랄한 첫 시집의 완결성을 그대로 담자고 제안했다. 시를 사랑하는 역자로서는 시 전집을 다 하고 싶은 생각을 할 때가 있지만, 섹스턴도, 로세티도, 윌리엄스도 만약 시 전집을 내기로 했다면 아마 내 평생이 지나도 마치지 못할 것이다. 그때그때 역자의 의견을 존중해준 출판사에 고맙다. 2024년 낸 캐시 박 홍Cathy Park Hong, 1976~의 첫 시집 *Translating Mo'um*의 번역본 『몸 번역하기』는 노시내 번역가가 옮긴 작가의 자전적 산문집 『마이너 필링스』의 성공으로 가능했다. 언어의 실험을 무게 있게 진행하는 시집에 귀 기울이는 독자가 조금씩 늘고 있다는 것은 반가운 일이다. 한국계 미국 시인의 첫 세대라 할 만한 캐시 송Cathy Song, 1955~도, 그리고 동시대 미국 최고의 시인이자 비평가, 나의 박사 지도 선생님 찰스 번스틴, 20세기의 에밀리 디킨슨으로 불리는 로버트 크릴리의 시도 나의 즐거운 번역 노동으로 다시 태어나는 중이다.

이 꼭지의 분량이 길어졌지만, 하고픈 말은, 번역가가 작가와 꼭 같은 성sex일 필요는 없다는 거다. 문학작품, 특히 시는 시 안에서 화자가 다성의 목소리를 취하는 경우가 자주 있다. 그러니 기계적으로 여성 시인-여성 번역가/남성 시인-남성 번역가, 이런 구분을 취할 필요는 없을 것 같다. 문제는 목소리를 읽어내는 번역가의 시선이다. 언젠가 여성 시인의 시 번역에 남성 번역가를 추천한 적이 있는데, 좋은 번역이었음에도 불구하고 시집이 많이 팔리지 않았던 듯하다. 남성 번역가여서 그런 게 아닌가 하고 편집자가 아쉬움 담아 조심스럽게 물었는데, 나는 다만 지금 여기의 독자가 그 시집과 만날 여건이나 준비가 덜 되었다고 생각한다.

책이든 인생이든, 좋은 것이 다 좋은 것으로 인정받지는 않는다. 아쉬울 것 없다. 앤 섹스턴의 번역을 그녀가 살던 시절에 냈다고 생각해보라. 번역자는 시인과 함께 매장되었을지도 모른다. 앤 섹스턴의 시들이 2020년, 코로나19로 모두 답답하게 갇혀 있던 그 시절, 우리 사회에 젠더 감수성이 새로워진 이후에 나왔기에 독자들의 환영을 받았다고, 편집자의 감각과 나의 운이 잘 맞아떨어졌다고 생각한다. 더 일찍 앤 섹스턴을 우리 독자들에게 들려주었다면 어땠을까, 그런 생각도 하지 않으려 한다. 커피 두 잔에 시집 한 권을 살 수 있는 시절이건만, 커피 소비량은 무한으로 늘지만 시의 독자는 여전히 적다는 한탄도 하지 않으려 한다. 모든 좋은 것을 모두가 다 누릴 수는 없으니 말이다.

번역가는 누군가의 목소리를 대신 말하는 사람. 누군가의 꿈을 대신 꾸는 사람. 누군가의 웃음을 대신 웃는 사람. 작가가 그러한 것처럼.

누군가의 꿈을 대신 꾸며
누군가의 웃음을
대신 웃으며

나는 낯선 공기이거나
때로는 실물에 대한 기억

나는 피를 흘리고

나는 인간이 되어가는 슬픔❖

신해욱 시인의 이 시를 나는 즐겨 암송한다. 인간이 되어가는 슬픔이 무엇인지 안다면 그는 이미 훌륭한 인간이다. 인간으로 태어났으나 인간이 되지 못하고 죽어간 무수한 이는 죽을 때까지 자신이 짐승만도 못한 인간이었다는 걸 알지 못한다. 세상은 그렇다. 번역가가 대시하는 그 목소리들. 나를 거쳐 다시 태어난 목소리를 생각한다. 온전히 다 담지 못한 미안함을 담아. 번역가로서 나는 원작자가 되어가는 슬픔을 매 순간 앓는다.

❖ 신해욱, 「끝나지 않는 것에 대한 생각」, 『생물성』, 문학과지성사, 2009, 10~11쪽.

❋

수업에서 배운 젠더 감각을 일상에서 그리도 똑똑하게 실천하던 나의 학생들. 그 둘은 지금도 잘 만나고 있다. 청년은 군대에 갔다. 12·3 비상계엄 사태 때 전방에 있는 그 청년이 걱정되어 남아서 수업을 듣는 학생에게 물어보니, 잘 있다고 한다. 다행이다.

Women-Poetry-Translation
여성-시-번역

2024년, 유영학술재단에서 주관하는 유영번역심포지엄을 기획했다. 여성 번역가로서 여성 시인의 시와 산문을 번역하는 것은 어떤 의미가 있을까? 번역가에게 젠더가 있는가? 있다면 어떤 의미인가, 없다면 또 어떤 의미인가? 번역가의 젠더가 번역에 영향을 미치는가? 여성 번역가는 남성 시인의 시를 번역할 때 어떤 목소리를 갖는가? 남성 번역가는 여성 시인의 시를 번역할 때 어떤 목소리를 상상하는가? 등 여러 층위의 질문들을 묻고 싶었다. 기획이 좋았는지 좋은 분들이 금방 꾸려졌다.

심포지엄이 열린 11월 15일. 나는 '여성-시-번역하기'의 슬픔과 기쁨에 대해 이야기했고, 시를 연구하는 연구자이면서 에밀리 디킨슨의 편지글을 번역하여 『결핍으로 달콤하게』를 낸 박서영 번역가는 '편지의 시인, 편지의 시학: 에밀리 디킨슨 서간집 편역 후기'를 이야기했다. 뮤리얼 루카이저Muriel Rukeyser, 1913~1980의 시집 『어둠의 속도』를 번역했고 여성 시인들에게 관심이 많은 박선아 번역가는 '여성과 참여의 관계를 번역하기: 뮤리얼 루카이저 시의 경우'를 이야기했고, 실비아 플라스 시집 『에어리얼』을 번역한 진은영 시인은 '실비아와 나: 낯선 여자 사랑하기'를 이야기했다. 에이드리언 리치의 『우리 죽은 자들이 깨어날 때』를 비롯하여 여성 작가들의 책을 많이 번역하고 좋은 소설도 쓰는 이주혜 번역가는 '에이드리언 리치의 위치의 시학과 번역의 이동'을 이야기했다. 앤 카슨의 『녹스』를 번역한 윤경희 작가는 '포이에인, 포이에시스, 포이에테스—앤 카슨과 시적 작용'이란 제목으로 이야기했다.

이 기획을 통해 확인한 것은 누구든 목소리를 듣고 싶어 한다는 것이다. 잘 들리지 않았던 목소리, 가두어졌던 목소리, 억압되었던 목소리, 비밀스럽게 덮어버린 목소리, 그리고 번역가들은 그 목소리를 전하는 사람이라는 것이다. 번역은, 진은영 시인의 말을 빌리면 기꺼이 다리가 되는 일이다. 그런데 많이 이야기되지 않고 소외되었던, 혹은 대중들의 큰 바람을 단숨에 타기 힘든 시인들의 목소리를 전하는 일은 번역가가 좁은 영토를 선택하는 어떤 결단이다. 그날 함께 모인 여섯 명의 '번역가-작가-시인-연구자'들은 무얼 위해서 '여성-시'라는 이 좁은 영토를 선택한 걸까? 나는 이런 질문을 던졌다.

여성이 가정의 천사 아니면 거리의 여자였던 시절, 결혼을 해서 가정의 천사로 들어앉지 않고 시를 쓴 에밀리 디킨슨과 크리스티나 로세티, 그리고 "한 여자가 자기 삶의 진실을 말한다면 어떤 일이 일어날까?/ 세계는 터져버릴 것이다"❖라고 말한 20세기의 시인 뮤리얼 루카이저, 밤에 마녀가 되어야 했던 앤 섹스턴은 모두 어쩌면 '다락방에 갇힌 미친 여자들'이었다. 『제인 에어』의 버사 메이슨처럼 진짜 다락방에 갇히지는 않았지만, 에밀리 디킨슨은 아직도 '흰옷을 입은 여인'의 이미지로 고착되어 있다. 디킨슨의 시를 가지고 글을 쓸 때 나는 그 고착된 이미지의 에밀리를 온갖 감정의 질감을 가진 진짜 사람으로 해방시키려 애쓴다. 가장 위대한 시인 중 한 사람인 디킨슨은 손에 물 마르는 날이 없을 정도로 빵을 굽고 정원을 가꾸고 집안일을 하면서 미친 듯이 글을 썼다. 글은 가꾸고 돌보는 일만큼 그녀의 숨구멍이었으니까.

유복하고 신앙심 깊은 가정에서 태어나 권위적인 아버지와 헌신적이나 다소는 신경질적인 어머니 밑에서 성장하고 많은 책을 읽으며 저마다의 우주를 꿈꾸고 만들지만, 삶에서 "장전된 총loaded gun"❖❖처럼 한구석에 세워져 있어야 했던 여성들, 살아서 혹은 죽어서 시인이 된 이들. 그들의 말을 전하는 일은 그래서 어떤 비슷한 슬픔과 열망을, 꿈과

❖ Muriel Rukeyser, "Käthe Kollwitz", *The Collected Poems of Muriel Rukeyser*, University of Pittsburgh Press, 2005, p 462.

❖❖ 에밀리 디킨슨의 이 구절은 에이드리언 리치가 인용함으로써 페미니즘 시인들의 저항을 상징하는 구절이 되었다. 하지만 중심에 저항하는 주변의 목소리는 모두 장전된 총의 힘을 가지고 있으리라. 그 긴장까지도. Emily Dickinson, 앞의 책, p 369.

좌절을 함께 앓는 일이다. 플라스를 번역하면서 "시를 번역하는 일이 시를 쓰는 일보다 더 힘들었다"고 고백한 진은영 시인은 자기 안에 도사린 시인의 영감을 누르고 번역가가 되는 것이 힘들었다고 하는데, 여기서 창작과 번역이 갖는 거리가 드러난다. 번역은 원작을 되살려내야 하는데, 원작의 호흡과 결을 이야기할 때 한국어와 영어라는 먼 언어를 어떻게 뛰어넘을 수 있을까? 시인이 시를 쓸 때 허락된다고 우리가 짐작하는 어떤 에너지의 강렬한 분출을 번역가는 똑같이 겪어야 하는 것일까?

이 점에 대해 진 보즈-바이어는 문학적 텍스트를 쓰는 것과 관련된 창조성은 번역이 될 때 더 높아진다고 본다. 문학번역은 번역자의 목소리를 보태어 텍스트의 목소리를 늘리는 일이기 때문이다. 시 번역에서는 흔히 결정적 번역이 없다고들 하는데, 그 이유 또한 보즈-바이어는 시 번역이 특별히 어렵다거나 번역된 것이 원문보다 쉽게 낡아버려서가 아니라, 의미나 문체, 효과를 옮기는 것이 늘 불완전하기 때문이라고 본다.❖

그렇다면 시 번역은 완결된 어떤 마침표가 아니라 해석의 가능성이 열려 있는 다변적이고 다원적으로 움직이는 변화의 장이 된다. 이 점을 염두에 두면 시 번역가들을 그토

❖ Jean Boase-Beier, *A Critical Introduction to Translation Studies*, Continuum, 2011, ch 3 참조.

록 괴롭히는 정확성과 창조성이 서로 다른 개념이 아니라 하나의 지반 위에서 서로 함께 움직이며 연동하는 읽기 과정 안에 놓여 있다는 것을 알게 되고, 그러면 번역가를 괴롭히는 그 지독한 원본 대비 불완전성에 대한 불안이 조금 헐거워질 수도 있겠다. 이렇게 되면 이야기가 가능해진다. 사랑에서 출발하는 시 번역의 일. 사랑에 빠진 그녀들.

X-factor 미지의 요소

우리는 왜 행간에 주목해야 하는가? 시는 행간의 예술이다. 조르조 아감벤의 책 『행간』은 책상 위에 꽂아두고 자주 열어보는 책이다. 나는 이걸 영어판으로 먼저 읽었는데, 번역본이 나와서 번역본도 함께 읽고 있다. 이걸로 시의 행간에 대해 논문을 쓰려고 계획했는데, 논문은 못 쓰고 이 글을 쓴다. 아감벤의 책에 붙은 부제는 '우리는 왜 비현실적인 것에 주목해야 하는가'이다. 옮긴이는 옮긴이의 글에서 이 책을 '아감벤의 동문서답'이라고 이름 붙이고 있는데, 내 책도 번역의 동문서답이 되는 운명이 아닌가 싶을 때가 있다. 정체 대신 경계를 추적해야 하는 비평의 일.

> 1200년대의 시인들은 그들의 시에 핵심적인 요소, 시의 "거주지이자 피난처"가 되는 공간을 "스탄차", '행간'이라고 불렀다. 시의 모든 형식적인 요소들뿐만 아니라 그들이 시의 유일한 대상이라고 여겼던 '사랑의 기쁨joi d'amr'을 행간이 간직하고 있다고 여겼기 때문이다. 하지만 이 '사랑의 기쁨'이라는 대상은 과연 무엇인가? 어떤

종류의 기쁨을 위해 시의 행간이 모든 예술의 요람이 되는가? 무엇을 중심으로 그 노래가 한 공간으로 그토록 집요하게 모여드는가?❖

여기서 아감벤이 행간이라고 하는 스탄차는 영어 번역본을 가지고 이야기하면 널찍하게 거주하는 곳이자 담는 그릇이다. 무엇을 담는다는 말인가? 시의 형식적인 요소로서 행간이 예술의 (영어 번역본에서는 '자궁'으로 표현된) 요람이라고 할 때, 시의 행간은 아무것도 없음으로써, 즉, 비움으로써 무언가를 담는 그릇이 된다. 시라는 예술 장르의 미학은 여기서 완성된다. 시를 시이게 하는 것은 바로 이 행간이 간직하는 비움의 기쁨이다. 이 예를 가장 잘 보여주는 시로, 중국계 미국 시인 리영리Li-Young Lee, 1957~의 시, 「감Persimmons」을 보자.

In Sixth grade Mrs. Walker
slapped the back of my head
and made me stand in the corner
for not knowing the difference
between persimmon and percision.
How to choose

❖ 조르조 아감벤, 『행간』, 윤병언 옮김, 자음과모음, 2015, 12쪽.

persimmons. This is precision.❖

6학년 때 워커 선생님이
내 뒤통수를 치고는
나더러 구석에 서 있게 했다
감과 정확성의
차이를 모른다고
어찌 고르지

감을. 이게 바로 정확성이다.

무엇이 시를 시로 만드는가? 나는 시의 시다움은 새로움에 있다고 생각하는데, 여기서 형식 또한 중요한 문제다. 이 시는 시의 시다움을 이야기할 때 자주 인용하는데, 여기서 가장 절묘한 시적 순간이 바로 "How to choose// persimmons. This is precision."에 있다. 대개 표준영어 문법에서 이 배치는 아주 이상하다. 'How to choose persimmons'가 하나의 문장이고, 'This is precision'이 다른 하나의 문장이다. 구문론에서는 서로 별개의 문장인데, 시에서는 'How to choose'와 'persimmons' 사이에 큰 단절이 있다. 연을 나누는 것은 시에서 가장 큰 단절이다. 그리고 'persimmons'가 'This

❖ Li-Young Lee, *Rose*, BOA Editions, 1986, p 17.

is precision'과 합쳐진다.

이 절묘한 형식을 통해서 시인은 'persimmons'와 'precision'을 가까이 끌어당긴다. 별 관계가 없는 두 단어가 겹쳐지는 순간, 독자는 알게 된다. 감은 정확성과 다르지만 같다고. 워커 선생님은 경험으로 감을 알지 못하지만 시의 화자는 감을 가장 정확하게 알고 있다. 잘 익은 감을 고르는 법과 잘 익은 감의 향기를. 시가 진행되면서 독자는 감과 정확성을 혼동하며 벌을 섰던 시의 화자의 입장에 공감하면서 결국 감을 정확하게 아는 경험의 층위가 중요하다는 것을 깨닫게 된다. 시인은 절묘한 행간 조절을 통하여 이런 시적 통찰에 도달하게 한다. 어찌 사랑하지 않을 수 있나. 이런 놀이를.

Yourself 당신 자신

2024년 가을학기 수업에서 우리는 망명으로서의 번역에 대해 이야기했다. 학생들에게 주문한 것은 두 가지다. 이 교실이 한국의 서울이 아니라 어디 다른 곳, 어디라도 좋으니 그곳이라고 생각하라. 그리고 이 교실에서 우리는 자주 우리 자신의 삶을 되돌아볼 것인데, 자신이라고 생각하지 말고 타자로서 마주해보라. 이 경험을 통해서 우리는 번역에 대해 돌아볼 것이다. A를 B로 옮기는 번역, 평등한 두 언어에서 만들어지는 의미를 똑같이 옮기는 것으로 단순하게 생각하고 번역을 배우러 온 학생들은 한 학기 내내 타자로서의 번역, 망명하는 번역과 씨름했다. 번역 수업이었으나 실은 자신을 돌아보는 시간을 더 많이 가졌다.

학생들은 모두 저마다의 다른 목소리로 이야기했다. 어느 날은 교수자인 내게 던지는 질문으로, 어느 날은 자기 자신에게 혹은 친구에게 전하는 편지 형식으로. 학기를 마치는 마지막 주, 한 학생의 고백. "제가 원래 번역을 그다지 좋아하지 않는 사람이라는 점도 고백하고 싶습니다. 모든 미디어와 텍스트는 원어로 접하는 것이 가장 순수하고 진정성 있는 방식이라는 생각을 오래도록 고수해왔기 때문입니다. 그러나 이 강의를 통해 번역에 내재된 철학적 질문과 고민을 접하면서, 제 생각에 큰 변화가 생겼습니다. 번역이 단순히 언어를 바꾸는 기술이 아니라, 서로 다른 문화와 세계를 이어주는 다리라는 점을 배우며 많은 통찰을 얻었습니다. 이제는 번역이라는 행위가 지닌 문학적, 철학적 가치를 깊이 이해하게 되었고, 이로 인해 제 관점도 넓어졌음을 느낍니다."(21학번 전태욱)

때로 번역에 대한 우리의 확장된 고민은 이런 이야기도 가능하게 했다. "나를 잃지 않으며, 타인을 잊지 않는 일은 긴 시간이 필요하다. 용감하게 이방인이 되는 과정 또한 멀기만 할 것이다. 외로운 순간이 모여 아마 오랫동안 괴로울 것이다. 하지만 이방인들이 모이면 서로를 안아줄 수 있고 이해할 수 있다. 그러니 당장 눈에 보이는 것이 없더라도 포기하지 않는 것. 나는 그 마음이 우리를 더 나은 곳으로 이끌어줄 것임을 믿는다."(20학번 음현서)

또 이런 이야기도 있었다. "사실 이번 수업의 테마는 '번역'인데, 번역은 궁극적으로 원어를 해체시키고 재구성한다는 점에서 우리의 생각을 언어로 옮기는 과정과도 닮아 있다는 생각이 드는 것 같아. 편지를 횡설수설하며 써서 그런 것도 있지만, 우리는 글에 자신의 감정을 완전히 담아내는 작업 또한 절대 성공하지 못하잖아. 사랑의 감정은 더더욱 그런 것 같고. 결국 감정을 언어로 치환하는 모든 과정이 번역의 일부라고도 볼 수 있겠네. 서툴지 않은 표현들로, 너에게 내 마음을 숨김없이 내어줄 수 있는 방법이 존재한다면 좋겠지만, 완전한 '번역'은 존재하지 않는 것처럼 그것 또한 우리가 받아들여야 할 '달콤한 결핍'의 일종일지도 모르겠다. 그래도 우리는 각자의 결핍을 품고 살아가기로 하자."(21학번 박서인)

학기를 시작할 때 불안하게 흔들리던 얼굴들이 조금 단단해져 있었다면 나의 착각일까? 결핍을 품고 살아가기로 다짐하는 한, 우리는 계속 이어서 나아갈 수 있다. 취약함을 받아들이는 것, 어떤 언어도 투명하지 않음을 아는 것, 번역만큼이나 우리 삶 속에도 본질적인 폭력성이 깃들어 있음을 아는 것, 그러면 된 것이다. 12·3 비상계엄이 다녀간 날 한낮에 교실에 모여 서로를 서성이는 느낌으로 바라보던 기억, 수업 시간에 함박눈이 내려 중간 쉬는 시간이 그대로 서로를 찍어주는 시간이 된 때. 원본과 파생본의 서열을 해체하며 새로운 창작으로서의 번역을 이야기하던 날, 낯선 것을 끌어당겨 내 안의 다른 나를 만나게 되는 신기한 접합 속에서 저마다 조금씩 탈각과 탈피를 반복하던 시간, 축복이었다. 모두 여전히 성성하기를.

번역이 막힐 때면 나는 산책을 나가든지, 요리를 한다. 도치된 말의 순서를 고민하다가 운전 중에 절묘한 표현이 떠올라 손등에 휘갈겨 쓰기도 한다. 윌리엄 칼로스 윌리엄스의 시 한 구절, 이건 반드시 시의 행을 그대로 살려서 보아야 한다.

I saw a girl with one leg
over the rail of a balcony

나 보았지 한 소녀를 다리 하나
발코니 난간 위에 걸치고 선❖

번역을 하고 보니 그다지 어렵지 않은 걸로 무슨 고민을 했나 싶을 수도 있다. 이 구절은 계속 고민하다가 광화문

❖ 윌리엄 칼로스 윌리엄스, 「길에 대한 권리」, 『꽃의 연약함이 공간을 관통한다』, 정은귀 옮김, 민음사, 2021, 142~143쪽.

대로를 경복궁역에서 안국동 방향으로 운전하고 지나다 신호가 멈춘 순간에 아이디어가 떠올라 손등에 써서 마무리를 한 경우다. 원시에서 "a girl with one leg"는 외다리 소녀로 일단 눈에 들어온다. 윌리엄스는 시인이자 의사로서 가난한 이웃에 대한 세심한 시선이 컸기에 그의 눈에 포착된 남루한 세계들, 가난하고 아픈 이웃들의 풍경을 잘 보여주는 것이 중요하다. 이를 "다리 하나를 발코니 난간에/ 걸치고 선 소녀를 보았다"라고 한다면 독자로서 눈이 흡수하는 그 짧은 찰나에 윌리엄스가 시인으로서 노렸던 어떤 효과를 살리지 못하게 된다. 그래서 소녀와 다리 하나는 꼭 함께 두고 싶었다. 그래서 시에서 행의 배치는 늘 중요하다. 그걸 고심하는 시간이 길었지만 기다림 끝에 그나마 이런 선택이 가능했던 여름날, 광화문 삼거리. 이 시를 윌리엄스는 차를 천천히 몰고 가다가 만난 풍경들로 썼다. 나 또한 차를 천천히 몰고 가던 길 위에서 번역했다는 것, 이 또한 절묘한 마주침이다. 나는 윌리엄스가 되어 윌리엄스의 시선으로 계속 이 세계를 보았다고, 생각한다.

느리지만 재빠르고 예리한 판단, 그중에서 느린 기다림은 AI 번역에 비해 뒤처지는 인간 번역의 단점으로 생각되기 쉽다. 번역이라는 노동에 깃든 축복이자 번역이 수행하는 비평 작업의 필수적인 덕목이다. 시가 품은 역사적·문화적 맥락들을 더듬으며 두 언어의 간극을 뛰어넘기 위해 내 두뇌와 마음이 기울이는 노력이다. AI보다 느리지만, 나는 풀숲 아래 뱀처럼 기다리다 나만의 언어를 낚아채는 예리한 전달자가 되고자 한다. 여기서 뱀의 비유는 윌리엄 칼로스 윌리엄스의 시에서 가지고 온 것이다. 혹 궁금한 독자는 『꽃의 연약함이 공간을 관통한다』를 곁에 두고 읽어보시길 권한다. 번역가의 느린 기다림에 이입하는 시 읽기도 좋겠다.

하지만 내가 여기서 이야기하는 '느림'은 번역출판의 어려움을 뜻하는 것만은 아니다. 그보다는 번역을 읽기 행위로 받아들일 때 꼭 필요한 어떤 훈련으로서의 '느림'이다. 인간의 독서 행위에서 속도가 모든 것을 말해주는 것은 아니기에 AI 번역의 큰 장점으로 이야기되는 속도가 반드시 우리의 독서 행위를 효율적으로 만들지는 않는다. 그렇다면 번역의 속도를 이야기할 때도 '느림'을 새롭게 바라볼 필요가 있다. 번역과 읽기에서 빠른 속도는 어떤 장점이 있는가? 인간 번역가는 대상 텍스트를 제대로 이해하지 않고는 번역을 할 수 없다. AI 번역은 그걸 해낸다. AI 번역은 사람의 뇌처럼 사용자가 번역기에 어떤 문장을 입력하면 맥락을 파악한 후, 이를 단어, 구문, 어순 등의 정보가 담겨 있는 벡터(좌표값)로 전환하여 번역한다. 그래서 데이터가 많이 축적된 언어권일수록 번역이 더 정확하고 섬세하다. 데이터가 축적되지 않은 언어에서는 엉뚱한 실수를 하고 시치미를 뗀다. 챗GPT의 강점은 실수를 하고서도 부끄러워하지 않는 당당함이다. 번역가의 고뇌를 품고 있지 않는 결과물은 이래저래 생경하다.

다시 질문해보자. 우리가 문학작품, 특히 시를 읽을

때 속도는 어떤 영향을 미치는가? 우리는 무엇을 읽고 받아들이는가? 나는 거기서 '느림'이야말로 속도와 효율성이 가장 중요해진 지금 시대에 읽기 행위와 번역 행위 둘 다에 새로운 가치로 적용될 수 있다고 생각한다. 시 한 편을 읽는 일은 하나의 불변의 해석을 만나는 것이 아니다. 시를 번역하는 것 또한 단 하나의 최종 판결을 내리는 일이 아니다. 그럼에도 번역가는 고민 끝에 어떤 선택을 해야 한다. 그 불가능한 선택을. 그 과정에 느림과 빠름의 이중 리듬이 개입된다. 번역의 지대는 그 사이 어딘가에 있다.

이후의 말 Afterword

이 책을 닫는 글을 번역 후기에 대한 짧은 단상으로 대신할까 싶다. 가장 널리 쓰이는 단어 '후기' 대신 여기서 나는 굳이 '이후의 말'로 풀어서 쓴다. '이후'는 내게 아주 중요한 단어라서. 시 번역가로서 나는 시가 좋아서, 그걸 다른 이들에게 전하고 싶어서 시를 번역한다. 단순한 이유지만 전달자로서의 역할은 소명처럼 굳건하다. 시는 모국어 독자들도 쉽게 이해할 수 없는 장르여서 번역가는 작품을 섬세하게 해석하는 눈을 가져야 한다. 매일 시를 읽고 번역하는 나의 출발점이 원작에 대한 사랑이라면, 번역의 종착 지점에서 쓰는 번역 후기는 번역 작업에 공식적인 마침표를 찍는 의식이자 형식이다.

그 점에서 번역 후기를 쓰는 일은 시 번역가로서 느끼는 기쁨이자 권리다. 번역 후기에서 나는 어떻게 이 시집을 만나게 되었는지, 서로 다른 언어를 넘나드는 과정에서 어떤 점이 좋았는지, 무엇이 힘들었는지, 모호한 부분은 어떻게 해결했는지 차분히 뒤돌아본다. 그건 흡사 어떤 사랑의 방식과 비슷하다. 열렬히 좋아하는데 무작정 빠지지 않고 냉정한 거리를 둬야 하는 높은 심급의 사랑이다. 번역 후기는 내가 번역하는 시집에 대한 나만의 '연서'다.

번역 후기에 대한 생각을 다시 하게 된 계기가 있다. 2년 전 번역 수업. 처음에 챗GPT의 활용을 막을까 어쩔까를 고민하다가 수업에서 아예 적극적으로 활용하기로 방침을 바꾸었고, 그로써 학기초에 고민했던 표절 등의 문제는 폭이 좁아졌다. 재밌게 학기를 무사히 마무리했지만 AI 앞에서 자꾸만 작아지는 번역의 자리 문제가 완전히 해결된 것은 아니었다. 왜 자꾸 인간이 인간됨의 의미를 AI에게 물어야 하는지. 그런 질문을 하면서 학기말 채점을 하다가 한 학생의 답안지 앞에서 머리를 한 대 얻어맞은 듯 띵한 느낌이 들었다.

학생은 이렇게 되물었다. "왜 이렇게 다들 AI 앞에서 쩔쩔매나요? 번역 후기를 쓸 수 있는 AI가 있나요?" 그러면서 그는 번역 후기를 쓸 자격이 있으려면 번역의 철학과 문체가 있어야 하는데 AI 번역은 그런 자격이 없다고 말했다. 그는 이어서 문학에서 '읽기의 속도'를 질문했다. 스스로를 '느린 읽기'를 지향하는 고전적인 독자라고 정의한 그는, 문학번역의 과정이 읽기의 과정과 맞물려 있기에 AI 번역 앞에서 인간-번역 무용론을 내세우는 것은 문학과 인간의 자리를 포기하는 것이라고 말했다.

학생의 당돌한 질문과 느린 읽기에 대한 믿음 속에서 시를 번역하는 일을 다시 생각한다. 번역의 출발점과 도착 지점도. 왜 번역하는지, 무엇을 위해? 한국 시를 영어로, 영시를 한국어로 옮기는 일은 상업적인 문학 시장에서 환영받는 일이 아니다. 무엇보다도 독자층이 협소하다. 시의 경우 번역이 잘나가던 시절은 과거에도 없었고 앞으로도 없지 않을까 싶다. 이 협소한 영토를 만드는 일이 즐겁다.

AI 시절, 우리가 느끼는 불안감의 정체가 번역의 출발점과 도착 지점을 너무 쉽게 생각해서 발생하는 오염이 아닌가 하는 생각이 든다. 장르에 따라서 글의 성격에 따라서 AI가 할 수 있는 번역이 있고, 할 수 없는 번역이 있다. 문학 작품은 언어의 호흡과 결이 중요하다. 원작의 호흡과는 완전히 다른 결로 좋은 번역을 할 수는 없다. 그러니 번역가가 쓰는 번역 후기야말로 AI는 당도하지 못하는 지점이 아닐까 싶다. 번역 후기에 늘 특별한 정성을 들이는 나로서도, 제아무리 인공지능이 발달하더라도 내가 쓰는 번역 후기를 따라 하지는 못할 것 같다는 생각을 한다.

지금도 잠을 자려고 누우면 이런저런 단어들이 나를 찾아오곤 한다. 가령 강은교 시인의 시에 나오는 "목메는 거리" "목메는 밤" "사르륵거리는 나의 뼈". 이 단어들을 내가 어떻게 번역했더라? 뼈가 사르륵거리는 건 사그륵거리는 것과 뭐가 다르지? 나는 잠 속에서도 이런 반추를 끝없이 한다. 번역 이후에도 계속. 시인이 되었다가 평범한 독자가 되었다가 냉정한 비평가가 되었다가, 다시 시인이 되는 그 과정. AI는 이 망설임의 과정, 그 지독한 고민을 알까? 번역가의 단어는 이처럼 무한 반복되는 피드백 루프feedback loop, 즉 되새김의 과정에 깃드는 모든 별이다. 지금 반짝이며 우리 앞에 빛으로 오는 별이 아니라 태어났다 사라진 별을 모두 아우른다. 그 별들은 다시 어디선가에서는 다른 빛으로 떠오를 것이기 때문이다.

❀

돌아서서 다시 생각하니, 번역 후기도 AI에 맡기는 시절이 올까도 싶다. 글에 대한 윤리가 그렇게까지 사라지는 시절은 상상할 수 없지만 그런 시절이 와도 크게 놀라지는 말아야지. 읽고 쓰고 옮기고 만드는 과정에서 각자는 각자의 일을 하는 것이니. 하지만 예민한 눈으로 그마저도 감지하는 독자들이 있을 것이다. 시는 '언어의 소금'이라서 나는 그런 날에도 아마 어딘가에서 시를 찬찬히 읽고 번역하고 있을 것이다. 어떤 맛이 좋은 짠맛인지, 어떤 차이가 있는지, 섬세한 눈을 가진 독자와 이야기를 하고 있을 것이다.

얼마 전 새 번역 계약을 맺었다. 이번에는 시인이자 번역가인 최돈미의 *DMZ Colony*다. 산문과 운문을 오가는 시의 형식이 독특하고, 다루는 주제도 흥미로워서 어떻게 잘 살릴 수 있을지, 번역 작업이 무척 기대된다. 이 시집 번역을 의뢰한 편집자는 캐시 박 홍의 시집 『몸 번역하기』의 '옮긴이 후기'에서 내가 "미친 년"

과 "매친 년"을 두고 한 얘기를 읽으며 꼭 나와 작업하고 싶었다고 한다. 마지막까지 단어를 놓고 저울질을 하는 번역가의 마음속 고투를 알아주어서 반가웠다. 매친 년. 엄마가 가르쳐주신 다정한 말. 그러니 최돈미의 번역 시집으로 새로운 독자를 만나게 된다면 그것은 반은 엄마 덕분이고 또 반은 역자 후기를 눈여겨본 편집자 덕분이다. 그러니 후기, 즉 이후의 말은 새로운 시작을 여는 또 하나의 연결 고리가 된다. 이 책으로 조금 더 많은 독자가 시를 가까이 당겨 읽기를, 번역과 더 친해지기를, 그래서 이 책 또한 다른 만남을 여는 또 다른 시작이 되기를 바란다.